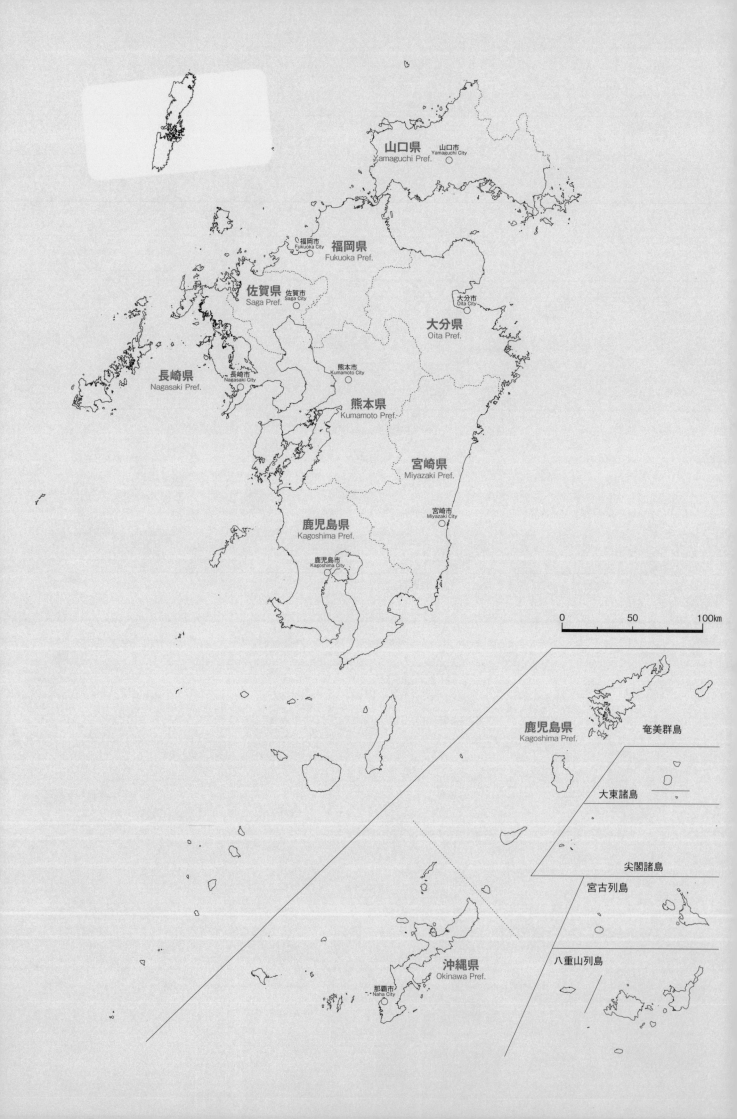

山口県
Yamaguchi Pref.

山口市
Yamaguchi City

福岡市
Fukuoka City

福岡県
Fukuoka Pref.

佐賀県
Saga Pref.

佐賀市
Saga City

大分県
Oita Pref.

大分市
Oita City

長崎県
Nagasaki Pref.

長崎市
Nagasaki City

熊本市
Kumamoto City

熊本県
Kumamoto Pref.

宮崎県
Miyazaki Pref.

鹿児島県
Kagoshima Pref.

鹿児島市
Kagoshima City

宮崎市
Miyazaki City

0   50   100km

鹿児島県
Kagoshima Pref.

奄美群島

大東諸島

尖閣諸島

宮古列島

八重山列島

沖縄県
Okinawa Pref.

那覇市
Naha City

図説 九州経済 2024
OUTLINE OF KYUSHU ECONOMY 2024

本資料利用上の注意

○解説の「九州」は、原則として「九州8県」。
○ブロック（地域）区分は、原則として以下の通り。
　東北：青森、岩手、宮城、秋田、山形、福島、新潟
　関東：茨城、栃木、群馬、埼玉、千葉、東京、神奈川、山梨、長野
　東海：静岡、岐阜、愛知、三重
　北陸：富山、石川、福井
　近畿：滋賀、京都、大阪、兵庫、奈良、和歌山
　中国：鳥取、島根、岡山、広島、山口
　四国：徳島、香川、愛媛、高知

○四捨五入により各県の値の合計と九州8県、7県の値が一致しない場合がある。
○表中の記号は、次の通り。
　―：実績がまったく無い場合
　…：実績はあっても数値が不明な場合
　△：数値がマイナスである場合
　123（数値の下線）：下線までの数値とそれ以降の数値が不連続な場合

表紙の写真：朝倉三連水車が守り、天の川が見守る稲田（福岡県朝倉市）繁實二臣氏撮影　出典：絶景九州グループ（https://www.facebook.com/groups/zekkei.kyushu.group）

九州経済サマリー　Kyushu Economic Summary

I　九州経済の位置

1. 日本のなかの九州：わが国の「１割経済」

　九州は日本列島の南西部に位置し、九州島と周辺の島々および琉球諸島からなり、福岡、佐賀、長崎、熊本、大分、宮崎、鹿児島、沖縄の８県で構成される。沖縄は九州島から離れていることもあり、九州に含めない場合もあるが、本書では沖縄を含めて九州とする。九州は、本州と関門海峡で隔てられた独立した島々で構成されているため、域内の相互依存関係が強い。また、他の地方ブロックに比べて東京経済圏からの自立度が高く、九州に山口県の一部を加えて九州・山口経済圏を形成している。

　九州の総面積は４万4,512km²で全国の11.8%（2022年）、総人口は1,404万人で全国の11.3%を占めている（2023年）。名目域内総生産（GDP）は50.4兆円（2020年度）で全国の9.4%を占め、電力需要量、小売業年間販売額、建築着工額などの主要経済指標も全国の１割程度である。このため、九州はわが国の「１割経済」と概括される。

　地方ブロック別にみると、人口やGDPは関東、近畿、東海の３大都市圏に次ぐ規模で、地方圏では最も規模が大きい。2020年度の九州のGDPをドル換算*すると4,752億USドルで、GDPが4,352億USドルのオーストリアに匹敵する経済規模を有している。

＊１ドル＝106.1円（2020年平均値，九経調「DATASALAD」より）として算出

九州８県の国内シェア
The Share of Kyushu's 8 Pref. in the National Economy

		単位 Units		全国 Japan	九州8県 Kyushu's 8 Pref.		全国シェア （%） Share in Japan	年次 Year
総面積	Area	km²		377,973		44,512	11.8	2022
総人口	Total Population	千人	1,000 people	124,560		14,039	11.3	2023
域内総生産（名目）	Gross Domestic Product (Nominal)	億円	¥100 million	5,378,893		504,163	9.4	F.Y.2020
電力需要量	Electric Power Demand	百万kWh	million kWh	67,284		7,089	10.5	F.Y.2022
小売業年間販売額	Annual Sales of Retail Trade	億円	¥100 million	1,381,804		147,821	10.7	2020
建築着工額	Construction Starts	億円	¥100 million	267,468		32,107	12.0	2022
新設住宅着工戸数	Housing Starts	戸	housing units	859,529		97,993	11.4	2022
入国外国人数	Number of Foreigners Entering Japan	千人	1,000 people	4,198		451	10.7	2022
（１割を超える主な指標）								
鋼船建造量	Production of Steel Vessels	千総トン	1,000 G/T	9,324	♯	2,471	26.5	2022
集積回路生産額	Production of Integrated Circuits	億円	¥100 million	20,834	※	9,301	44.6	2022
粗鋼生産量	Production of Crude Steel	千トン	1,000 tons	89,227	※	13,736	15.4	2022
自動車生産台数	Production of Motor Vehicles	百台	100 vehicles	78,355	※	11,469	14.6	2022
林業素材生産量	Forestry Logs Production	千m³	1,000m³	22,082	※	5,392	24.4	2022
農業産出額	Agricultural Output	億円	¥100 million	88,600		18,827	21.2	2021
海面漁業・養殖業産出額	Marine Fishery & Aquaculture Output	億円	¥100 million	12,552		3,303	26.3	2021
公共工事請負契約額	Public Construction Contract	億円	¥100 million	204,872		30,400	14.8	2022
延べ宿泊者数	Number of Overnight Guests	千人泊	1,000 people	450,458		62,553	13.9	2022

注）1. ♯印は山口県の一部を含む　　2. ※印は九州7県
Note：1. ♯→Including part of Yamaguchi Pref.　　2. ※→Kyushu's 7 Pref.

Kyushu Economic Summary

I Kyushu's Economic Position

1. Kyushu accounts for Ten Percent of the National Economy

Kyushu is located in the southwestern part of Japan. The region includes the main island of Kyushu, its surrounding islands, and the Ryukyu archipelago. There are eight prefectures in Kyushu: Fukuoka, Saga, Nagasaki, Kumamoto, Oita, Miyazaki, Kagoshima, and Okinawa. Although Okinawa is sometimes not counted as a part of Kyushu due to its geographical location, this report includes the prefecture. Kyushu is separated from the main Japanese island Honshu by the Kanmon Straits. Therefore, the eight prefectures have strong economic ties to one another. Compared to other regions, Kyushu is not as dependent upon the Tokyo metropolitan economic bloc as other regions and it has formed its own "Kyushu-Yamaguchi Economic Bloc" which incorporates the western part of Yamaguchi Prefecture.

Kyushu has an area of 44,512 km^2 or 11.8% of the nation. With a population of 14.04 million, it accounted for 11.3% of the gross population as of 2023. In F.Y. 2020, Kyushu's gross domestic product (GDP) was ¥50.4 trillion, which was equivalent to 9.4% of the national GDP. In addition, key economic indicators such as the amount of electric power demand, annual retail sales, and local construction starts are also 10% of the national gross figures.

In terms of population and gross domestic product (GDP), Kyushu ranks fourth following the three major metropolitan areas of Kanto, Kinki, and Tokai. The gross domestic product in F.Y. 2020 was US$ 475.2 billion, which was similar in size to that of Republic of Austria whose GDP amounted to US$ 435.2 billion.

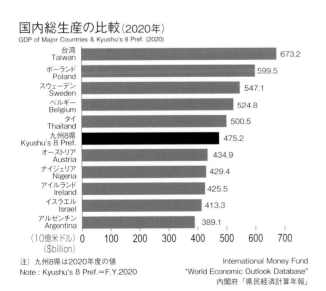

国内総生産の比較 (2020年)
GDP of Major Countries & Kyushu's 8 Pref. (2020)

	($billion)
台湾 Taiwan	673.2
ポーランド Poland	599.5
スウェーデン Sweden	547.1
ベルギー Belgium	524.8
タイ Thailand	500.5
九州8県 Kyushu's 8 Pref.	475.2
オーストリア Austria	434.9
ナイジェリア Nigeria	429.4
アイルランド Ireland	425.5
イスラエル Israel	413.3
アルゼンチン Argentina	389.1

(10億米ドル) ($billion)

注）九州8県は2020年度の値
Note : Kyushu's 8 Pref.＝F.Y.2020
International Money Fund
"World Economic Outlook Database"
内閣府「県民経済計算年報」

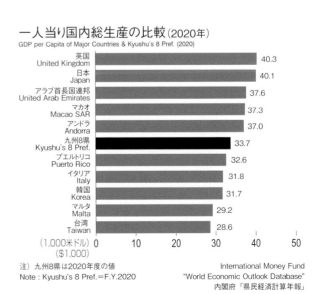

一人当り国内総生産の比較 (2020年)
GDP per Capita of Major Countries & Kyushu's 8 Pref. (2020)

	($1,000)
英国 United Kingdom	40.3
日本 Japan	40.1
アラブ首長国連邦 United Arab Emirates	37.6
マカオ Macao SAR	37.3
アンドラ Andorra	37.0
九州8県 Kyushu's 8 Pref.	33.7
プエルトリコ Puerto Rico	32.6
イタリア Italy	31.8
韓国 Korea	31.7
マルタ Malta	29.2
台湾 Taiwan	28.6

(1,000米ドル) ($1,000)

注）九州8県は2020年度の値
Note : Kyushu's 8 Pref.＝F.Y.2020
International Money Fund
"World Economic Outlook Database"
内閣府「県民経済計算年報」

2. アジアのなかの九州：東アジアへのゲートウェイ

　九州は首都・東京から約1,000km離れている一方で、韓国の釜山まで約200km、ソウルまで約500km、中国の上海まで約1,000kmと、日本のなかでは東アジアの主要都市と近い距離にある。また、九州・山口の港湾にはアジアを中心に多くの外貿コンテナ定期船が就航するなど、アジアとの交易・交流環境が充実している。

　地理的な近接性もあり、九州はアジアとの経済的なつながりが強い地域である。例えば、2013～2022年の九州・山口企業の海外進出件数415件のうち、315件（75.9%）はアジアが占めている。また、2022年の九州・山口※の輸出総額に占めるアジアの比率は63.6%で、全国より9.8%ポイント高い。博多港と北九州港は、日本とアジアの物流結節点として、多くの国際コンテナが取り扱われている。

　また、2020年以降は新型コロナウイルス感染症の拡大の影響で大幅に減少したものの、コロナ禍前の2019年のクルーズ船の寄港回数は772回で、九州が全国の26.9%を占める。九州は成長著しい東アジアと日本を結ぶゲートウェイとして機能している。

2. Kyushu, a Gateway to East Asia

　　While Kyushu is approximately 1,000 km away from Tokyo, it is geographically close to major cities in East Asia. It is only 200 km away from Busan, 500 km from Seoul, and 1,000 km from Shanghai. Kyushu and Yamaguchi have a rich environment for trade and interaction with neighboring and other countries. For example, there are a lot of international cargo routes which operate regularly to Asian countries from ports in Kyushu and Yamaguchi.

　　Kyushu has established strong economic ties with Asia due to these geographic advantages. From 2013 to 2022, 415 overseas branches were established by local companies in Kyushu and Yamaguchi, of which 315 (75.9%) were in Asia. Moreover, in 2022 Asia accounts for 63.6% of total exports from Kyushu and Yamaguchi*, 9.8 points higher than the national figure. As a distribution hub connecting Japan and Asia, many international containers are traded at the Port of Hakata and the Port of Kitakyushu.

　　The number of cruise ship calls at ports in Kyushu declined in 2020 due to COVID-19, but was 772 in 2019, accounting for 26.9% of the national total. Kyushu has functioned as the "gateway" to the rapidly growing East Asian region.

注）※九州7県＋下関市
Note：＊ Kyushu's 7 Pref ＋ Shimonoseki City

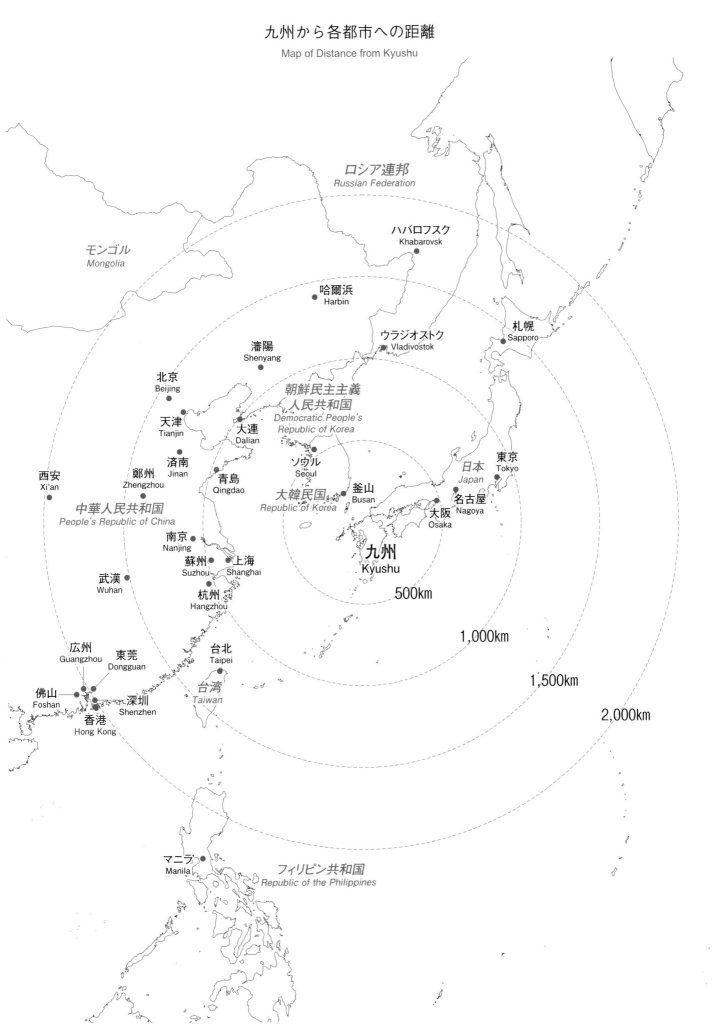

九州から各都市への距離
Map of Distance from Kyushu

ロシア連邦
Russian Federation

モンゴル
Mongolia

ハバロフスク
Khabarovsk

哈爾浜
Harbin

瀋陽
Shenyang

ウラジオストク
Vladivostok

札幌
Sapporo

北京
Beijing

天津
Tianjin

大連
Dalian

朝鮮民主主義
人民共和国
Democratic People's
Republic of Korea

東京
Tokyo

日本
Japan

西安
Xi'an

鄭州
Zhengzhou

済南
Jinan

青島
Qingdao

ソウル
Seoul

釜山
Busan

名古屋
Nagoya

中華人民共和国
People's Republic of China

大韓民国
Republic of Korea

大阪
Osaka

南京
Nanjing

蘇州
Suzhou

上海
Shanghai

九州
Kyushu

武漢
Wuhan

杭州
Hangzhou

500km

台北
Taipei

1,000km

広州
Guangzhou

東莞
Dongguan

台湾
Taiwan

1,500km

佛山
Foshan

深圳
Shenzhen

2,000km

香港
Hong Kong

マニラ
Manila

フィリピン共和国
Republic of the Philippines

II　九州の地域構造

1. 都市配置：福岡に集中する高次都市機能

　九州最大の都市は福岡市で、人口は164万人である（2023年7月1日時点推計人口。以下同じ）。福岡市には、九州を統括する大企業の支社や国の出先機関が集中し、情報、文化・レジャー、国際交流などの高次都市機能も集積している。また、週末には九州各地から多くの人が買物やレジャーを目的に福岡市を訪れている。このように、福岡市は経済面で九州全体を統括する機能を有し、しかもその機能が強まる傾向にある。こうした状況は「福岡一極集中」と呼ばれているが、3大都市圏への人口流出を抑止している側面もある。

　九州には福岡市以外にも、北九州市（人口92万人）、熊本市（74万人）、鹿児島市（59万人）、大分市（47万人）、長崎市（39万人）、宮崎市（40万人）、那覇市（31万人）、久留米市（30万人）等、人口30〜100万人規模の都市がバランスよく位置している。適度な人口規模を持つ県庁所在都市は、県内全域に対して都市的サービスを提供している。

　一方で、離島や半島、山間地域が多いことも九州の特徴である。こうした地域では人口減少や高齢化が進んでおり、地域の維持・存続が困難になるなどの問題に直面している。

2. 地域内交通：整備が進む高速交通体系

　九州では、九州自動車道、長崎自動車道、大分自動車道、宮崎自動車道が整備され、沖縄県では沖縄自動車道が、山口県には中国自動車道、山陽自動車道がそれぞれ供用中である。現在は、東九州自動車道の日南東郷IC〜南郷IC間や西九州自動車道、南九州西回り自動車道など、九州を巡る環状の高規格道路や、九州の中心を東西に貫く九州横断自動車道延岡線や中九州横断道路が建設中である。

　鉄道についてみると、2011年3月には九州新幹線が全線開業し、博多駅〜鹿児島中央駅間が最短1時間16分で結ばれ、福岡、熊本、鹿児島の各都市間の往来が活発になった。2022年9月には西九州新幹線の武雄温泉駅〜長崎駅間が開業し、博多駅〜長崎駅間が最短で1時間20分で結ばれ、周辺エリアの回遊性向上が期待されている。

　さらに、九州はすべての県に空港が整備されており、全県から国際便が就航している。また、多くの離島にも空港が設置されている。

　このように高速交通体系が着々と整備されつつあり、国内・海外からのアクセスの向上、域内移動の時間短縮が進むことで、企業活動の活発化、観光客の増大に寄与している。

II The Demographics and Infrastructure of Kyushu

1. Kyushu Has a Concentration of Advanced Urban Functions in Fukuoka

Fukuoka City is the biggest urban area in Kyushu with a population of 1.64 million (July 1st, 2023). Many large corporations and government agencies maintain branch offices which oversee their business activities in the area. The city has an accumulation of advanced urban functions such as information, culture, leisure and international relations. On weekends, it attracts many people from all over Kyushu for shopping and leisure. In this way, Fukuoka City functions as the economic center of Kyushu, and the trend is becoming stronger. To some extent, this concentration in Fukuoka has prevented the relocation of people from Fukuoka to the other three major metropolitan areas.

Other cities in Kyushu with population of more than 300 thousand are Kitakyushu City (pop. 918 thousand), Kumamoto City (pop. 737 thousand), Kagoshima City (pop. 588 thousand), Oita City (pop. 473 thousand), Nagasaki City (pop. 394 thousand), Miyazaki City (pop. 398 thousand), Naha City (pop. 313 thousand) and Kurume City (pop. 301 thousand). The capital cities function to provide public services, medical care, and education in each prefecture.

On the other hand, another feature of Kyushu is that there are many mountainous regions, peninsulas, and remote islands. These areas are struggling with aging and declining population, and facing difficulties in maintaining their small communities.

2. The Region Has a Highly Developed Transportation Network of Highways

Kyushu has the Kyushu Expressway, Nagasaki Expressway, Oita Expressway and Miyazaki Expressway as major arteries. In addition, there are the Okinawa Expressway in Okinawa Prefecture as well as the Chugoku and Sanyo Expressways in Yamaguchi Prefecture. To improve travel and distribution in the area, other expressways are currently under construction: Higashi-Kyushu Expressway between Nichinan-Togo IC to Nango IC, Nishi-Kyushu Expressway, Minami-Kyushu Expressway, Kyushu-Odan Expressway Nobeoka Route, and Naka-Kyushu-Odan road.

As for the railroad, JR Kyushu Railway Company inaugurated Kyushu Shinkansen (bullet train) service in March 2011. It only takes seventy-six minutes to reach Kagoshima-Chuo station from Hakata station. This has increased the traffic volume among Fukuoka, Kumamoto, and Kagoshima. Also, Nishi-Kyushu Shinkansen between Takeo-Onsen and Nagasaki was inaugurated in September 2022 and trip time from Hakata station to Nagasaki station is reduced to 80 minutes. It has been expected to improve access to surrounding areas.

At the same time, every prefecture has its own airport and provides international flights. In addition, many remote islands have their own airports.

Owing to the development of this network, access to and around Kyushu has improved domestically and internationally. This progress has shortened travel times within the region and contributed to business activities and incoming tourism.

III 九州の主要産業

1. 産業構造・主要産業の配置

　九州の産業構造は、2020年度の産業別の域内総生産（実質、2015年基準）で、第1次産業1.8%、第2次産業23.7%、第3次産業73.9%となっており、全国（第1次0.8%、第2次27.2%、第3次71.5%）と比較して第1次産業、第3次産業の比率が高い点に特徴がある。

　九州の主要産業の分布をみると、第1次産業では、鹿児島、宮崎両県が畜産の一大産地を形成しており、リアス式海岸が発達し離島の多い長崎県はわが国を代表する水産県である。九州は農業産出額で全国の21.2%（2021年）、海面漁業・養殖業産出額で全国の26.3%を占め（2021年）、わが国の食糧供給基地として位置づけられる。また、1次産品を利用した食品産業が各地で発達しており、代表的な特産品としては福岡市の辛子明太子や鹿児島、宮崎、大分県の焼酎などが挙げられる。

　製造業については、北九州市・大分市の鉄鋼・化学や長崎市などの造船に加え、九州各地で半導体関連産業や自動車関連産業の立地が進んでおり、九州はシリコンアイランド、カーアイランドと呼称される。

　また、九州は観光産業も盛んで、とくに沖縄県は観光が最大の産業として位置づけられる。その他にも佐世保市のハウステンボスや大分県日出町のハーモニーランドなどテーマパークが各地に立地しているほか、温泉も多数点在し、毎年、国内外から多くの観光客が訪れている。

III Kyushu's Main Industries

1. Industrial Structure and Location of Major Industries

　　Based on the F.Y. 2020 GDP (at constant 2015 prices), Kyushu's industrial structure is 1.8% primary sector, 23.7% secondary, and 73.9% tertiary. Kyushu has higher rates of primary and tertiary industries compared to that of the nation (0.8% primary, 27.2% secondary, 71.5% tertiary).

　　In terms of the distribution of Kyushu's main industries, Kagoshima and Miyazaki Prefectures are major production centers for the livestock industry. Nagasaki Prefecture supplies marine products from its many remoted islands and developed ria, or coastal inlets. Kyushu is an important food supplier in Japan. It accounts for 21.2% of the national agricultural output (2021) and 26.3% of the marine fishery and marine culture output (2021). In addition, there is a developed processed food industry, such as karashi-mentaiko (salted cod roe spiced with red pepper) in Fukuoka City and distilled shochu liquor in Kagoshima, Miyazaki and Oita Prefectures.

　　As for the manufacturing industry, Kyushu has been a center of heavy industries. For example, steel and chemical industries are located in Kitakyushu City and Oita City, as well as shipbuilding in Nagasaki City. Recently, Kyushu has seen an increase in the production of semiconductors and automobiles. For this reason, Kyushu is often called "Silicon Island" or "Car Island". In addition, Kyushu has a thriving tourism industry. Particularly in Okinawa, tourism is the largest industry in the prefecture. Resorts and theme park facilities are located all over Kyushu, including Huis Ten Bosch in Sasebo City and Harmonyland in Hiji Town. In addition, a large number of hot springs in Kyushu attract many tourists from home and abroad every year.

九州主要産業・産地地図
Map of Kyushu's Main Industries

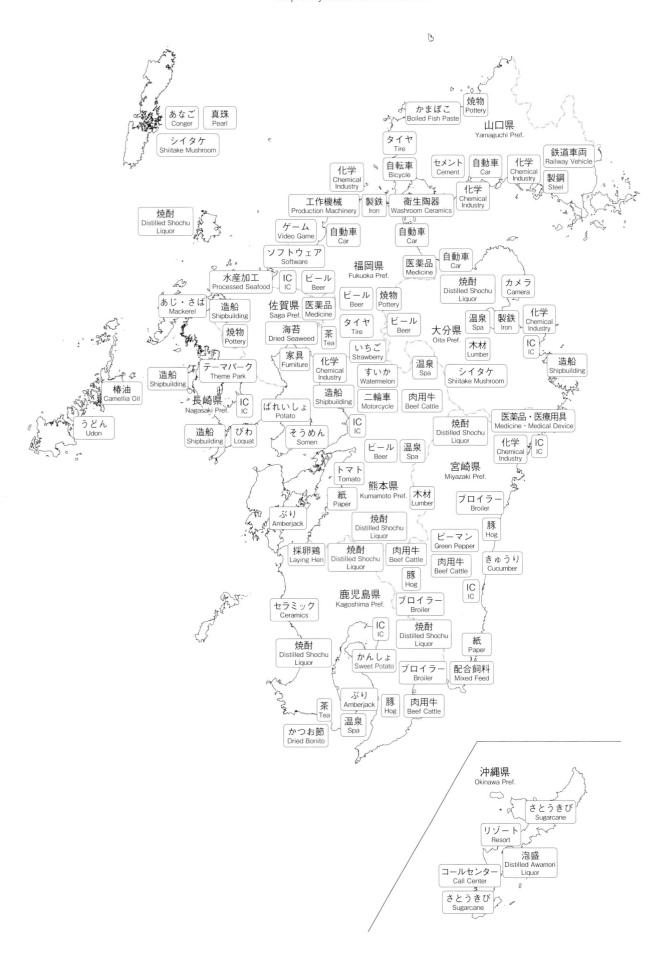

あなご Conger / 真珠 Pearl / シイタケ Shiitake Mushroom

焼物 Pottery

かまぼこ Boiled Fish Paste

山口県 Yamaguchi Pref.

タイヤ Tire

自転車 Bicycle / セメント Cement / 自動車 Car / 化学 Chemical Industry / 鉄道車両 Railway Vehicle

化学 Chemical Industry / 化学 Chemical Industry / 製鋼 Steel

焼酎 Distilled Shochu Liquor

工作機械 Production Machinery / 製鉄 Iron / 衛生陶器 Washroom Ceramics

ゲーム Video Game / 自動車 Car / 自動車 Car

ソフトウェア Software / 医薬品 Medicine / 自動車 Car

福岡県 Fukuoka Pref.

水産加工 Processed Seafood / IC IC / ビール Beer / ビール Beer / 焼物 Pottery / 焼酎 Distilled Shochu Liquor / カメラ Camera

あじ・さば Mackerel / 造船 Shipbuilding / 佐賀県 Saga Pref. / 医薬品 Medicine / 温泉 Spa / 製鉄 Iron / 化学 Chemical Industry

焼物 Pottery / 海苔 Dried Seaweed / 茶 Tea / タイヤ Tire / ビール Beer / 大分県 Oita Pref. / 木材 Lumber / IC IC

椿油 Camellia Oil / 造船 Shipbuilding / 家具 Furniture / いちご Strawberry / 温泉 Spa / 造船 Shipbuilding

テーマパーク Theme Park / 化学 Chemical Industry / すいか Watermelon / シイタケ Shiitake Mushroom

うどん Udon / 造船 Shipbuilding / 長崎県 Nagasaki Pref. / IC IC / ばれいしょ Potato / 造船 Shipbuilding / 二輪車 Motorcycle / 肉用牛 Beef Cattle / 医薬品・医療用具 Medicine・Medical Device

造船 Shipbuilding / びわ Loquat / そうめん Somen / IC IC / 焼酎 Distilled Shochu Liquor / 化学 Chemical Industry / IC IC

ビール Beer / 温泉 Spa

トマト Tomato / 宮崎県 Miyazaki Pref.

紙 Paper / 熊本県 Kumamoto Pref. / 木材 Lumber / ブロイラー Broiler

ぶり Amberjack / 焼酎 Distilled Shochu Liquor / ピーマン Green Pepper / 豚 Hog

採卵鶏 Laying Hen / 焼酎 Distilled Shochu Liquor / 肉用牛 Beef Cattle / 肉用牛 Beef Cattle / きゅうり Cucumber

豚 Hog / IC IC

セラミック Ceramics / 鹿児島県 Kagoshima Pref. / ブロイラー Broiler

焼酎 Distilled Shochu Liquor / IC IC / 焼酎 Distilled Shochu Liquor / 紙 Paper

かんしょ Sweet Potato / ブロイラー Broiler / 配合飼料 Mixed Feed

茶 Tea / ぶり Amberjack / 豚 Hog / 肉用牛 Beef Cattle

かつお節 Dried Bonito / 温泉 Spa

沖縄県 Okinawa Pref.

さとうきび Sugarcane

リゾート Resort

泡盛 Distilled Awamori Liquor

コールセンター Call Center

さとうきび Sugarcane

2. 農林水産業

　温暖な気候と自然環境に恵まれた九州は、農業や水産業が盛んで、2021年の農業産出額は約1兆8,827億円、林業産出額は1,136億円と全国の約2割を占めている。全国的な産地として知られた1次産品も多数存在しており、代表的なものとしては、福岡県のいちご、佐賀県の海苔、長崎県のまあじ、熊本県のすいか・トマト、大分県の乾燥しいたけ、宮崎県のブロイラー・ピーマン、鹿児島県の牛・豚、沖縄県のさとうきびなどが挙げられる。

　しかし、所得水準の低さ、生産者の高齢化や後継者不足による耕作放棄地の増大などにより、九州の農林水産業を取り巻く環境は厳しさを増している。こうしたなか、2009年の農地法改正以後、農地所有適格法人（旧農業生産法人）の設立や一般法人による農業参入も増加しており、農業の担い手が多様化しつつある。九州7県の農地所有適格法人数は3,596法人（2021年）で全国の17.9%を占める。とくに九州は、野菜生産での法人化・農業参入が進んでいる。また、1990年代から、農村民泊を進める宇佐市安心院町など、九州各地の農山漁村でグリーンツーリズムやスローフードの取組が進められ、農家の所得も多様化しつつある。

3. 製造業

　九州では、製造品出荷額等の全国シェアが1985年の6.0%から2021年には8.0%に高まるなど、製造業の集積が進みつつある。1970～1980年代にかけて、九州・山口を代表する製造業は、鉄鋼、化学、セメント、造船など重厚長大型産業であったが、近年はこれらの業種に加えて自動車や半導体ならびにその関連産業の集積が進んできた。

　自動車産業については、九州には日産自動車九州（福岡県苅田町）、日産車体九州（福岡県苅田町）、トヨタ自動車九州（宮若市）、ダイハツ九州（中津市）の4社の自動車組立工場が立地し、山口県防府市にもマツダ防府工場が所在する。また、本田技研工業熊本製作所（熊本県大津町）は世界の二輪車生産をリードするマザー工場となっている。2004年に操業開始したダイハツ九州はその後、生産能力を増強した。トヨタ自動車九州では2008年から新たに小倉工場（北九州市小倉南区）を稼働させ、2009年には日産車体九州が新設されるなどの産業集積が進んでいる。九州7県の自動車生産台数は114.7万台（2022年）で、全国の14.6%を占めている。

　半導体産業については、ルネサスセミコンダクタマニュファクチュアリング、三菱電機パワーデバイス製作所、ソニーセミコンダクタマニュファクチャリングなど、日本を代表する半導体企業の工場が九州に立地しており、九州7県の集積回路の生産額は全国の44.6%（2022年）を占めている。さらに、半導体製造装置やシリコンウェハ、リードフレーム、ファインケミカルの部材など半導体関連産業の集積には厚みが備わっている。台湾積体電路製造（TSMC）が出資する新工場が2024年に熊本県で操業開始することで、産業集積がさらに強化されることが期待される。

2. Agriculture, Forestry, and Fisheries

Kyushu is richly endowed with a warm climate and nature. This environment has allowed for thriving agricultural and fishery industries. In 2021, Kyushu's agricultural output was ¥1.88 trillion and forestry output was ¥113.6 billion. These were approximately 20% of the national gross output. Kyushu has many well-known agricultural products: strawberries (Fukuoka Prefecture), dried seaweed (Saga Prefecture), horse mackerel (Nagasaki Prefecture), watermelon and tomatoes (Kumamoto Prefecture), dried shiitake mushrooms (Oita Prefecture), broiler chickens and green peppers (Miyazaki Prefecture), beef cattle and hogs (Kagoshima Prefecture), and sugar cane (Okinawa Prefecture).

However, Kyushu's agriculture is facing difficulties due to the aging of and decrease in the farming population, a shortage of successors, and low-level household income. On the other hand, after the amendment of the Agricultural Land Law in 2009, the number of agricultural production corporations and general corporations entering agriculture has increased. This has diversified the agricultural businesses. There were 3,596 agricultural production corporations in Kyushu, which accounted for 17.9% of the national total number in 2021. Particularly, a number of new corporations have started vegetable production in Kyushu. Since the 1990s, there has been a growing trend in green tourism and slow food movements in farming, mountain, and fishing villages. Examples include Ajimu Town in Usa City where they promote agricultural village guesthouses.

3. Manufacturing Industry

In recent years, the accumulation in the manufacturing industry has progressed in Kyushu, which expanded the regional share of the national shipment value from 6.0% in 1985 to 8.0% in 2021. Between the 1970s and 1980s, the major manufacturing industries were heavy industries, such as steel and iron, chemicals, cement and shipbuilding in Kyushu and Yamaguchi Prefecture. In recent years, automobile and semiconductor-related industries have grown as well.

With regard to the automobile industry, there are four assembly plants in Kyushu: Nissan Motor Kyushu Co., Ltd., Nissan Shatai Kyushu Co., Ltd (Both in Kanda Town, Fukuoka Prefecture), Toyota Motor Kyushu, Inc. (Miyawaka City, Fukuoka Prefecture), Daihatsu Motor Kyushu Co., Ltd (Nakatsu City, Oita Prefecture). In addition, Mazda Motor Corp., Hofu Factory, is located in Hofu City, Yamaguchi Prefecture. Furthermore, Honda Motor Co., Ltd., Kumamoto Factory (Ozu Town, Kumamoto Prefecture) is a world leading factory for motorcycle production. Further concentration of the automobile industry has progressed as Daihatsu Motor Kyushu Co., Ltd. which started in 2004 and has strengthened its manufacturing capacity. Toyota Motor Kyushu, Inc. began operations at a new factory in Kitakyushu in 2008. In 2009, Nissan Shatai Kyushu Co., Ltd. was established. The number of cars produced in Kyushu was 1.15 million vehicles, which was 14.6% of the total national volume in 2022.

As for the semiconductor industry, Japan's leading companies have factories in Kyushu, including Renesas Semiconductor Manufacturing Co., Ltd., Mitsubishi Electric Corporation Power Device Works, and Sony Semiconductor Manufacturing Corp. Output of Integrated Circuits made in Kyushu was 44.6% of the national gross output (2022). Furthermore, there is a growing cluster of semiconductor-related industries, such as semiconductor manufacturing equipment, silicon wafers, lead frames and fine chemical materials. A new plant invested by Taiwan Semiconductor Manufacturing Corporation's (TSMC) in Kumamoto Prefecture is expected to begin operations in 2024, which will further strengthen the industrial cluster.

4. 商業

　九州の商業は、2020年の卸売業販売額が28兆1,488億円、小売業販売額では14兆7,821億円で、いずれも関東、近畿、東海の3大都市圏に次ぐ金額である。

　卸売業は福岡市に集中しており、販売額は九州の41.8%を占めている。福岡市の卸売業販売額は減少傾向にあったが、2015年以降は景気拡大の影響もあり、増加に転じている。

　小売業の販売額は1990年代後半から減少傾向が続いている。全国と同様、九州でも郊外型のショッピングセンターや、家電量販店、ドラッグストア、コンビニエンスストアの店舗が相次いで立地し、店舗間競争が激化している。また、それらの立地やネット通販の普及により、百貨店などの都心立地型の商業施設は苦戦している。一方、近年は県庁所在地の駅前を中心に都心部の再開発も進んでいる。

5. 観光・リゾート

　豊かな自然に恵まれた九州は、わが国の南の観光拠点である。阿蘇、くじゅう、雲仙、霧島、桜島などの火山や、別府、由布院、指宿などに代表されるわが国の源泉数の約4割を占める豊富な温泉群、西海、天草、日南などの美しい海岸線、亜熱帯の珊瑚礁が広がる沖縄や奄美、世界自然遺産の屋久島など、多様かつ豊富な自然が多くの観光客を惹きつけている。また、九州は古くから栄えていたこともあり、西都原古墳群（西都市）、吉野ヶ里遺跡（佐賀県吉野ヶ里町）、熊本城（熊本市中央区）など遺跡や歴史的建造物も多い。

　さらに、2015年に「明治日本の産業革命遺産」、2017年に「『神宿る島』宗像・沖ノ島と関連遺産群」、2018年に「長崎と天草地方の潜伏キリシタン関連遺産」が世界文化遺産に、2021年には「奄美大島、徳之島、沖縄島北部および西表島」が世界自然遺産に登録された。加えて、ハウステンボス（佐世保市）などの大型テーマパークや九州国立博物館（太宰府市）などの集客施設が各地に開設され、国内外から集客している。

　アジアに近い九州では、韓国人や中国人を中心に外国人観光客の誘致にも力を入れており、入国外国人数が2019年に482万人まで増加した。2010年代に入り、中国からのクルーズ船の寄港も本格化した。また、九州が一体となって観光振興に取り組むため2005年4月に設立された九州観光機構では、「温泉」を入口とした九州観光の魅力を世界にアピールしている。2020年以降、新型コロナウイルス感染症による入国制限により、観光目的の入国外国人数は大幅に減少したものの、2022年10月の大規模な水際措置の緩和を受けて我が国への入国者数は大きく増加しており、今後、コロナ禍以前の水準まで回復することが期待されている。

4. Commerce

In terms of commerce, the value of the wholesale trade in Kyushu was ¥28.1 trillion and the retail trade value reached ¥14.8 trillion in 2020. Both figures rank fourth after the top three metropolitan areas of Kanto, Kinki, and Tokai.

The wholesale trade in Kyushu is concentrated in Fukuoka City, which accounts for 41.8% of Kyushu's total value. Although the wholesale trade value of Fukuoka City had decreased, it recovered owing to the economic expansion in 2015.

With respect to the value of retail trade, there has been a downward trend since the second half of the 1990s. Similar to the tendency across the nation, there are suburban shopping centers, mass home electronics retailers, drugstores, and convenience stores continuously opening in Kyushu, causing severe competition among the stores. Because of these stores and the rise of e-commerce, commercial facilities such as department stores in urban areas are losing sales. In recent years, the areas around the main stations of the prefectural capitals are being redeveloped.

5. Tourism and Resorts

Rich in abundant natural beauty, Kyushu is the southern center for tourism in Japan attracting many people. There are a number of active volcanoes, such as Aso, Kuju, Unzen, Kirishima, and Sakurajima. In addition, there are a large number of hot springs, such as Beppu, Yufuin, and Ibusuki, accounting for about 40% of all the spas in Japan. Beautiful coastlines can be seen in Saikai, Amakusa, and Nichinan. Subtropical coral reefs surround Okinawa and Amami. Yakushima is officially registered as a World Natural Heritage Site. Furthermore, Kyushu has prospered historically since ancient times and has many historical remains and structures. These include the ancient tombs of Saitobaru (Saito City), the ruins of Yoshinogari (Yoshinogari Town), and Kumamoto Castle (Kumamoto City). Besides, in recent years three sites in Kyushu were resistered as World Heritage Sites: "Site of Japan's Meiji Industrial Revolution", "The Sacred Island of Okinoshima and Associated Sites in the Munakata Region", and "Hidden Christian Sites in the Nagasaki Region" as World Cultural Heritage Sites, "Amamioshima, Tokunoshima, Okinawajima, Iriomotejima" as a World Natural Heritage Site. In addition, there are various tourist attractions, including the Kyushu National Museum (Dazaifu City) and Huis Ten Bosch (Sasebo City).

Being close to Asia, Kyushu has focused on attracting foreign tourists from China and Korea. As a result, the number of foreign tourists has increased to its highest level of 4.82 million people in 2019. From the 2010s, cruise ships from China have come to Kyushu regularly. Besides, in April 2005, the Kyushu Tourism Organization was established to promote tourism together with all the stakeholders in Kyushu. They have promoted the attractiveness of Kyushu's tourism to the world with the concept of "Onsen Island Kyushu". Since 2020, the number of foreign arrivals for tourism has declined significantly due to border measures to prevent the spread of COVID-19. However, the number has increased significantly following the relaxation of the border measures in October 2022, and is expected to recover to pre-COVID-19 levels in the future.

第1章　人口（1）

C.1 Population (1)

■人口の概況

　2022年の九州の人口は1,410.8万人であり、全国の11.3%を占める。九州のなかでは、福岡市と北九州市という2つの政令指定都市を擁する福岡県（511.6万人、全国シェア：4.1%）が最多である。以下は、同じく政令指定都市の熊本市を擁する熊本県（171.8万人、1.4%）、鹿児島県（156.3万人、1.3%）、沖縄県（146.8万人、1.2%）が続く。九州・山口には10万人以上の都市が35市（2022年時点）あり、全体としてみれば人口が分散した構造になっている。九州の可住地人口密度は、全国の1,027人／km²を下回る859人／km²だが、福岡県ではその2倍以上の1,860人／km²、沖縄県では1,303人／km²と全国の値を上回る。DID（人口集中地区）に居住する人口の比率は低く、全国の69.9%を上回るのは福岡県（73.7%）のみである。

全国・九州8県の人口
Population of Japan & Kyushu's 8 Pref.

注）2022年時点

総務省「人口推計」

人口・人口密度
Population & Population Density

（単位　万人、人/km²、%）
(10,000 people, people/km², %)

	総人口 (2022) Population		可住地人口密度 (2020) Population Density of Habitable Area	DID人口比率 (2020) Population Ratio of Densely Inhabited District
		全国シェア Share in Japan		
全　　国 Japan	12,494.7	100.0	1,027	69.9
九 州 8 県 Kyushu's 8 Pref.	1,410.8	11.3	859	57.5
福 岡 県 Fukuoka Pref.	511.6	4.1	1,860	73.7
佐 賀 県 Saga Pref.	80.1	0.6	608	34.8
長 崎 県 Nagasaki Pref.	128.3	1.0	787	48.1
熊 本 県 Kumamoto Pref.	171.8	1.4	633	49.8
大 分 県 Oita Pref.	110.7	0.9	626	48.7
宮 崎 県 Miyazaki Pref.	105.2	0.8	570	47.6
鹿 児 島 県 Kagoshima Pref.	156.3	1.3	483	41.6
沖 縄 県 Okinawa Pref.	146.8	1.2	1,303	69.7
山 口 県 Yamaguchi Pref.	131.3	1.1	783	50.9

総務省「人口推計」「国勢調査報告」「社会生活統計指標」

■世帯数の推移

　2020年の九州の一般世帯数は619.8万世帯であり、全国の11.1%を占める。一般世帯1世帯当りの人員は、全国の2.21人に対して2.22人と大差はない。県別にみると、佐賀県では2.51人と多い一方、鹿児島県では2.11人と少ない傾向がある。家族類型別にみると、夫婦と子から成る世帯が減少する一方で単独世帯や夫婦のみの世帯が増加しており、2005年以降は単独世帯が最多である。2020年には単身世帯が全体の37.5%を占めており、過去の見通しを上回るペースで増加している。

一般世帯数の推移と将来推計
Shifts & Future Estimates in Private Households

（単位　万世帯）
(10,000 households)

	1980	1990	2000	2010	2015	2020	2030	2040
全　　国 Japan	3,582.4	4,067.0	4,678.2	5,184.2	5,333.2	5,570.5	5,348.4	5,075.7
九 州 8 県 Kyushu's 8 Pref.	428.9	477.1	541.6	583.0	598.7	619.8	594.7	562.6
福 岡 県 Fukuoka Pref.	142.6	162.4	190.7	210.7	219.7	231.8	225.5	216.7
佐 賀 県 Saga Pref.	23.2	25.0	27.8	29.4	30.1	31.1	29.5	28.0
長 崎 県 Nagasaki Pref.	46.9	50.2	54.3	55.7	55.8	55.6	52.3	47.4
熊 本 県 Kumamoto Pref.	52.4	57.5	64.5	68.6	70.3	71.7	68.4	64.5
大 分 県 Oita Pref.	37.8	40.9	45.2	48.0	48.5	48.8	46.2	42.6
宮 崎 県 Miyazaki Pref.	35.8	39.1	43.7	45.9	46.1	46.9	43.6	39.8
鹿 児 島 県 Kagoshima Pref.	60.6	65.7	71.4	72.7	72.2	72.6	66.8	60.2
沖 縄 県 Okinawa Pref.	29.7	36.3	44.0	51.9	55.9	61.3	62.5	63.4
山 口 県 Yamaguchi Pref.	49.7	53.5	58.2	59.6	59.7	59.7	55.9	50.8

2020年までは総務省「国勢調査報告」
2030年以降は国立社会保障・人口問題研究所「日本の世帯数の将来推計」
（2015年までの国勢調査に基づく推計）

家族類型別一般世帯数の推移と将来推計〈九州8県〉
Shifts & Future Estimates in Private Households by Family Type 〈Kyushu's 8 Pref.〉

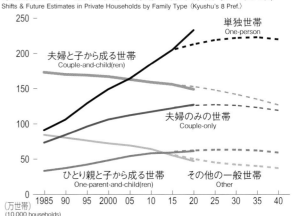

実線は総務省「国勢調査報告」
破線は国立社会保障・人口問題研究所
「日本の地域別将来推計人口（平成30（2018）年推計）」
（2015年までの国勢調査に基づく2020年以降の推計）

主要都市人口・1kmメッシュ別人口密度（2020）

Population of Major Cities & Population Density by 1 km Grid Square (2020)

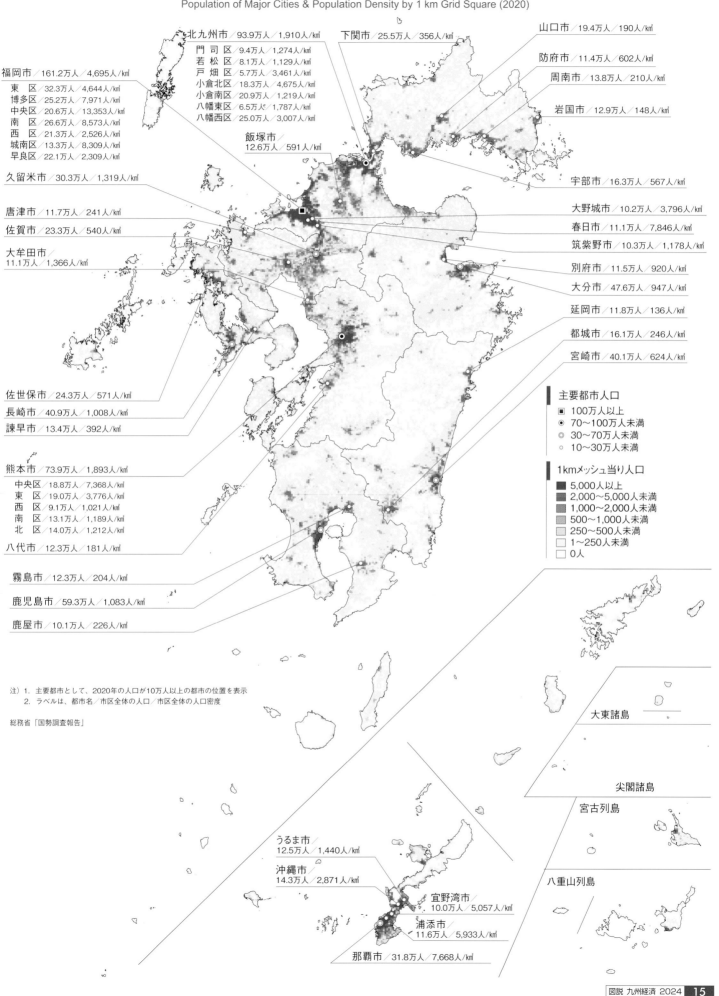

北九州市／93.9万人／1,910人/㎢
門司区／9.4万人／1,274人/㎢
若松区／8.1万人／1,129人/㎢
戸畑区／5.7万人／3,461人/㎢
小倉北区／18.3万人／4,675人/㎢
小倉南区／20.9万人／1,219人/㎢
八幡東区／6.5万人／1,787人/㎢
八幡西区／25.0万人／3,007人/㎢

下関市／25.5万人／356人/㎢
山口市／19.4万人／190人/㎢
防府市／11.4万人／602人/㎢
周南市／13.8万人／210人/㎢
岩国市／12.9万人／148人/㎢
宇部市／16.3万人／567人/㎢

福岡市／161.2万人／4,695人/㎢
東区／32.3万人／4,644人/㎢
博多区／25.2万人／7,971人/㎢
中央区／20.6万人／13,353人/㎢
南区／26.6万人／8,573人/㎢
西区／21.3万人／2,526人/㎢
城南区／13.3万人／8,309人/㎢
早良区／22.1万人／2,309人/㎢

飯塚市／12.6万人／591人/㎢

久留米市／30.3万人／1,319人/㎢
唐津市／11.7万人／241人/㎢
佐賀市／23.3万人／540人/㎢
大牟田市／11.1万人／1,366人/㎢

大野城市／10.2万人／3,796人/㎢
春日市／11.1万人／7,846人/㎢
筑紫野市／10.3万人／1,178人/㎢
別府市／11.5万人／920人/㎢
大分市／47.6万人／947人/㎢
延岡市／11.8万人／136人/㎢
都城市／16.1万人／246人/㎢
宮崎市／40.1万人／624人/㎢

佐世保市／24.3万人／571人/㎢
長崎市／40.9万人／1,008人/㎢
諫早市／13.4万人／392人/㎢

熊本市／73.9万人／1,893人/㎢
中央区／18.8万人／7,368人/㎢
東区／19.0万人／3,776人/㎢
西区／9.1万人／1,021人/㎢
南区／13.1万人／1,189人/㎢
北区／14.0万人／1,212人/㎢

八代市／12.3万人／181人/㎢
霧島市／12.3万人／204人/㎢
鹿児島市／59.3万人／1,083人/㎢
鹿屋市／10.1万人／226人/㎢

主要都市人口
■ 100万人以上
◉ 70～100万人未満
◎ 30～70万人未満
○ 10～30万人未満

1kmメッシュ当り人口
■ 5,000人以上
2,000～5,000人未満
1,000～2,000人未満
500～1,000人未満
250～500人未満
1～250人未満
0人

大東諸島
尖閣諸島
宮古列島
八重山列島

うるま市／12.5万人／1,440人/㎢
沖縄市／14.3万人／2,871人/㎢
宜野湾市／10.0万人／5,057人/㎢
浦添市／11.6万人／5,933人/㎢
那覇市／31.8万人／7,668人/㎢

注）1. 主要都市として、2020年の人口が10万人以上の都市の位置を表示
　　2. ラベルは、都市名／市区全体の人口／市区全体の人口密度

総務省「国勢調査報告」

第1章 人口（2）

C.1 Population (2)

■年少人口減少に歯止めかからず

　人口の増減要因は、自然増減（出生－死亡）と社会増減（転入－転出）の2つに分けることができる。自然増減のうち、出生についてみると、九州の合計特殊出生率は全国に比べて高い傾向にある。2021年には1.53となり、全国（1.30）を0.23ポイント上回っている。合計特殊出生率は団塊ジュニア世代の晩婚・晩産化によって2000年代に低下し、その後は若干の上昇傾向にあったが、近年はコロナ禍の影響もあり再び低下している。今後、政策動向次第では出生率が上向く可能性があるが、その場合でも当面の間は人口減少が続く。また、九州の2020年の年齢別人口構成（人口ピラミッド）をみると、0～14歳の年少人口は188.7万人と、1980年から42.9%減少した。一方、65歳以上の老年人口は1980年の2.8倍となる415.6万人に達しており、少子高齢化が急速に進展している。

合計特殊出生率
Total Fertility Rate

	1950	1960	1970	1980	1990	2000	2010	2020	2021
全　　国 Japan	3.65	2.00	2.13	1.75	1.54	1.36	1.39	1.33	1.30
九州8県 Kyushu's 8 Pref.	…	…	…	1.87	1.65	1.52	1.58	1.54	1.53
福 岡 県 Fukuoka Pref.	3.91	1.92	1.95	1.74	1.52	1.36	1.44	1.41	1.37
佐 賀 県 Saga Pref.	4.28	2.35	2.13	1.93	1.75	1.67	1.61	1.59	1.56
長 崎 県 Nagasaki Pref.	4.49	2.72	2.33	1.87	1.70	1.57	1.61	1.61	1.60
熊 本 県 Kumamoto Pref.	4.06	2.25	1.98	1.83	1.65	1.56	1.62	1.60	1.59
大 分 県 Oita Pref.	3.90	2.05	1.97	1.82	1.58	1.51	1.56	1.55	1.54
宮 崎 県 Miyazaki Pref.	4.35	2.43	2.15	1.93	1.68	1.62	1.68	1.65	1.64
鹿 児 島 県 Kagoshima Pref.	4.19	2.66	2.21	1.95	1.73	1.58	1.62	1.61	1.65
沖 縄 県 Okinawa Pref.	…	…	…	2.38	1.95	1.82	1.87	1.83	1.80
山 口 県 Yamaguchi Pref.	3.62	1.92	1.98	1.79	1.56	1.47	1.56	1.48	1.49

注）1. 率算出の女性人口は1950年は総人口、1960～2021年は日本人人口
　　2. 全国は年齢各歳、九州8県と各県は5歳階級により算出
　　3. 1950～70年の全国は沖縄県を含まない

総務省「国勢調査報告」「人口動態統計（確定数）」

九州8県の人口ピラミッド（1980・2020）
Population Age Pyramid of Kyushu's 8 Pref.

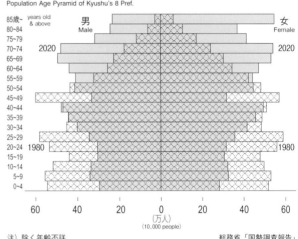

注）除く年齢不詳

総務省「国勢調査報告」

■転出超過は継続も、超過幅は縮小

　人口増減のもうひとつの要因である社会増減についてみると、戦後、九州はほとんどの時期において転出超過である。高度成長期と比べれば移動は減っているが、景気の回復・拡大期に転出超過になる傾向は現在も続いている。転入超過となったのは、オイルショック後の景気低迷期、バブル経済崩壊後の1990年代半ば、東日本大震災が起きた2011年のみである。直近の2022年も転出超過であったが、コロナ禍の影響で首都圏への転出が抑制され、転出超過数は2019年比で70.1%減の5,535人となり、東日本大震災の影響で転入超過となった2011年を除けば、ここ20年で3番目に小さい転出超過幅となった。九州の各県および域外との人口移動をみると、例えば佐賀県からの移動先は福岡県が最多でその他（九州域外）を上回るなど、福岡県、特に福岡市を中心とする福岡都市圏がダム効果（九州域外への流出を食い止める効果）を発揮している。

全国間人口移動〈九州8県〉の推移
Internal Migration in Japan〈Kyushu's 8 Pref.〉

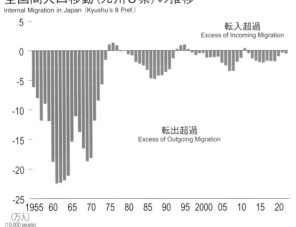

転入超過
Excess of Incoming Migration

転出超過
Excess of Outgoing Migration

（万人）
(10,000 people)

総務省「住民基本台帳人口移動報告年報」

県間人口移動（2022）
Migration between Prefectures (2022)

（単位　人）
(people)

		移動後の住所地　To									
		福岡県 Fukuoka Pref.	佐賀県 Saga Pref.	長崎県 Nagasaki Pref.	熊本県 Kumamoto Pref.	大分県 Oita Pref.	宮崎県 Miyazaki Pref.	鹿児島県 Kagoshima Pref.	沖縄県 Okinawa Pref.	山口県 Yamaguchi Pref.	その他 Others
移動前の住所地 From	福岡県 Fukuoka Pref.	—	6,228	5,670	7,217	5,344	2,860	4,251	2,233	3,404	52,820
	佐賀県 Saga Pref.	7,112	—	1,489	804	391	206	412	160	226	5,331
	長崎県 Nagasaki Pref.	8,706	1,841	—	1,389	748	444	911	600	531	10,955
	熊本県 Kumamoto Pref.	8,116	739	1,041	—	1,133	1,098	2,074	566	385	13,140
	大分県 Oita Pref.	6,485	421	662	1,242	—	843	571	294	371	8,275
	宮崎県 Miyazaki Pref.	3,748	247	438	1,473	950	—	2,459	340	337	8,773
	鹿児島県 Kagoshima Pref.	5,764	375	897	2,333	563	2,570	—	797	330	13,358
	沖縄県 Okinawa Pref.	3,061	259	767	621	337	461	871	—	348	20,300
	山口県 Yamaguchi Pref.	4,781	193	431	357	388	291	306	378	—	16,377
	その他 Others	51,140	4,700	9,557	12,200	7,510	8,189	12,628	20,300	14,806	

注）外国人移動者を除く

総務省「住民基本台帳人口移動報告年報」

社会増減率（2022）
Net Migration Rate (2022)

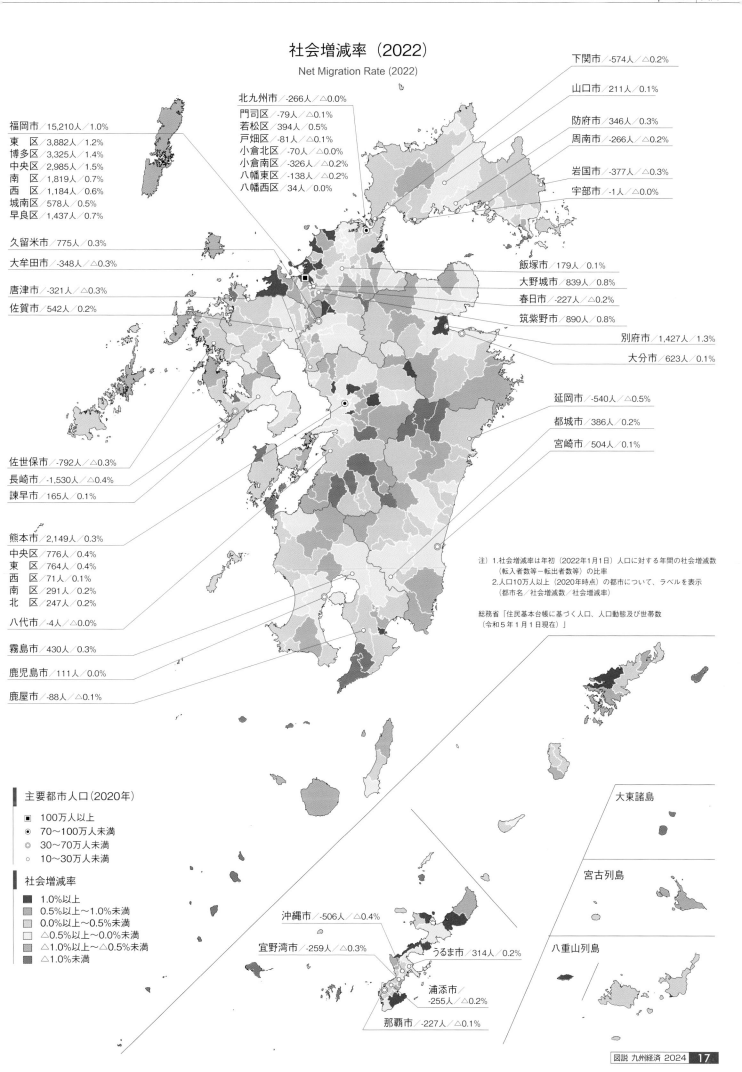

下関市／-574人／△0.2%

山口市／211人／0.1%

防府市／346人／0.3%

周南市／-266人／△0.2%

岩国市／-377人／△0.3%

宇部市／-1人／△0.0%

北九州市／-266人／△0.0%
門司区／-79人／△0.1%
若松区／394人／0.5%
戸畑区／-81人／△0.1%
小倉北区／-70人／△0.0%
小倉南区／-326人／△0.2%
八幡東区／-138人／△0.2%
八幡西区／34人／0.0%

福岡市／15,210人／1.0%
東　区／3,882人／1.2%
博多区／3,325人／1.4%
中央区／2,985人／1.5%
南　区／1,819人／0.7%
西　区／1,184人／0.6%
城南区／578人／0.5%
早良区／1,437人／0.7%

久留米市／775人／0.3%

大牟田市／-348人／△0.3%

唐津市／-321人／△0.3%

佐賀市／542人／0.2%

飯塚市／179人／0.1%

大野城市／839人／0.8%

春日市／-227人／△0.2%

筑紫野市／890人／0.8%

別府市／1,427人／1.3%

大分市／623人／0.1%

延岡市／-540人／△0.5%

都城市／386人／0.2%

宮崎市／504人／0.1%

佐世保市／-792人／△0.3%

長崎市／-1,530人／△0.4%

諫早市／165人／0.1%

熊本市／2,149人／0.3%
中央区／776人／0.4%
東　区／764人／0.4%
西　区／71人／0.1%
南　区／291人／0.2%
北　区／247人／0.2%

八代市／-4人／△0.0%

霧島市／430人／0.3%

鹿児島市／111人／0.0%

鹿屋市／-88人／△0.1%

注）1.社会増減率は年初（2022年1月1日）人口に対する年間の社会増減数
　　　（転入者数等－転出者数等）の比率
　　2.人口10万人以上（2020年時点）の都市について、ラベルを表示
　　　（都市名／社会増減数／社会増減率）

総務省「住民基本台帳に基づく人口、人口動態及び世帯数
（令和5年1月1日現在）」

大東諸島

宮古列島

八重山列島

主要都市人口（2020年）
- ■ 100万人以上
- ◉ 70～100万人未満
- ◎ 30～70万人未満
- ○ 10～30万人未満

社会増減率
- 1.0%以上
- 0.5%以上～1.0%未満
- 0.0%以上～0.5%未満
- △0.5%以上～0.0%未満
- △1.0%以上～△0.5%未満
- △1.0%未満

沖縄市／-506人／△0.4%

宜野湾市／-259人／△0.3%

うるま市／314人／0.2%

浦添市／-255人／△0.2%

那覇市／-227人／△0.1%

第1章　人口（3）

C.1 Population (3)

■今後加速が見込まれる人口減少

　九州の2020年の人口は1,424.6万人で、2015年から20.4万人（1.4%）減少した。人口減少は今後加速が見込まれ、2050年には2020年から336.8万人（23.6%）減少すると推計されている。2020年の九州の高齢化率（全人口に占める65歳以上人口の割合）は29.2%で、1980年と比べ18.6%ポイント高まっている。また全国の28.0%を上回り、高齢化は全国に先駆けて進んでいる。県別には、山口県、大分県、長崎県、宮崎県、鹿児島県の順で高齢化率が高い。今後も高齢化の傾向はいっそう強まり、2050年の九州の高齢化率は37.1%と推計されている。とくに長崎県、大分県、宮崎県、鹿児島県、山口県では2050年に40%を超える予測となり、深刻さが増す。

人口の推移と将来推計
Transition & Future Estimation in Population

（単位　万人）
(10,000 people)

	1960	1980	2000	2010	2015	2020	2030	2040	2050
全　国 Japan	9,430.2	11,706.0	12,692.6	12,805.7	12,709.5	12,622.7	11,816.6	10,727.9	9,615.3
九州8県 Kyushu's 8 Pref.	1,378.7	1,407.2	1,476.4	1,459.7	1,445.0	1,424.6	1,336.9	1,214.0	1,087.8
福岡県 Fukuoka Pref.	400.7	455.3	501.6	507.2	510.2	513.5	495.9	463.1	427.0
佐賀県 Saga Pref.	94.3	86.6	87.7	85.0	83.3	81.1	74.6	66.3	58.1
長崎県 Nagasaki Pref.	176.0	159.1	151.7	142.7	137.7	131.2	116.3	99.4	83.6
熊本県 Kumamoto Pref.	185.6	179.0	185.9	181.7	178.6	173.8	159.5	141.5	123.8
大分県 Oita Pref.	124.0	122.9	122.1	119.7	116.6	112.4	101.3	88.3	76.0
宮崎県 Miyazaki Pref.	113.5	115.2	117.0	113.5	110.4	107.0	96.9	84.6	72.8
鹿児島県 Kagoshima Pref.	196.3	178.5	178.6	170.6	164.8	158.8	143.8	125.8	108.3
沖縄県 Okinawa Pref.	88.3	110.7	131.8	139.3	143.4	146.7	148.5	144.9	138.1
山口県 Yamaguchi Pref.	160.2	158.7	152.8	145.1	140.5	134.2	118.8	101.8	86.6

2020年までは総務省「国勢調査報告」
2030年以降は九経調推計

高齢化率の推移と将来推計
Transition & Future Estimation in Population Aging Rate

（単位　%）
(%)

	1960	1980	2000	2010	2015	2020	2030	2040	2050
全　国 Japan	5.72	9.10	17.37	23.01	26.64	28.01	31.04	35.10	37.36
九州8県 Kyushu's 8 Pref.	6.11	10.57	19.37	23.86	27.14	29.18	32.38	35.14	37.07
福岡県 Fukuoka Pref.	5.19	9.37	17.38	22.31	25.90	27.17	29.76	32.51	34.43
佐賀県 Saga Pref.	6.35	11.83	20.44	24.58	27.68	30.32	33.94	36.79	38.97
長崎県 Nagasaki Pref.	5.80	10.67	20.84	26.00	29.60	32.79	36.89	40.30	42.11
熊本県 Kumamoto Pref.	6.85	11.73	21.31	25.65	28.78	31.10	34.53	37.16	39.21
大分県 Oita Pref.	7.12	11.74	21.80	26.62	30.45	32.85	36.16	39.13	41.51
宮崎県 Miyazaki Pref.	5.96	10.48	20.67	25.76	29.49	32.21	35.87	38.53	40.77
鹿児島県 Kagoshima Pref.	7.19	12.71	22.59	26.46	29.43	31.85	36.15	38.62	40.64
沖縄県 Okinawa Pref.	5.46	7.76	13.95	17.37	19.63	22.13	26.03	29.88	32.28
山口県 Yamaguchi Pref.	6.79	11.61	22.25	27.97	32.07	34.27	36.59	39.82	41.89

2020年までは総務省「国勢調査報告」
2030年以降は九経調推計

■年少人口は減少傾向

　九州の年少人口は2020年に188.7万人となり、ピークだった1955年の約4割になっている。この減少傾向は今後も継続すると考えられ、減少のペースは緩和するものの、2050年には2020年から31.3%減の129.6万人になると推計される。近年、新型コロナウイルス感染症の影響下において、婚姻件数、妊娠届出件数の減少傾向がみられており、中長期的な推移を注視していく必要がある。労働力率（人口に占める生産年齢人口の割合）も高齢化の進行で低下傾向にあり、2020年は56.6%と1995年から9.2%ポイント低下した。

年少人口（0～14歳）の推移と将来推計
Transition & Future Estimation of child population

（単位　万人）
(10,000 people)

	1960	1980	2000	2010	2015	2020	2030	2040	2050
全　国 Japan	2,843.4	2,750.7	1,847.2	1,680.3	1,588.7	1,495.6	1,241.5	1,075.9	989.5
九州8県 Kyushu's 8 Pref.	474.7	330.6	233.0	204.5	197.5	188.7	161.7	140.4	129.6
福岡県 Fukuoka Pref.	125.7	105.0	74.3	68.4	67.6	66.2	59.0	53.5	51.2
佐賀県 Saga Pref.	32.5	20.1	14.4	12.3	11.6	10.8	9.0	7.5	6.8
長崎県 Nagasaki Pref.	63.9	38.5	24.3	19.3	17.8	16.4	13.0	10.4	8.9
熊本県 Kumamoto Pref.	63.0	39.5	28.9	25.0	24.1	22.8	19.1	16.0	14.4
大分県 Oita Pref.	40.5	27.6	17.9	15.6	14.6	13.5	10.8	8.8	7.8
宮崎県 Miyazaki Pref.	40.6	27.4	18.7	15.9	15.0	14.0	11.3	9.2	8.1
鹿児島県 Kagoshima Pref.	71.8	40.0	28.1	23.3	22.1	20.5	17.1	14.1	12.4
沖縄県 Okinawa Pref.	36.8	32.5	26.4	24.6	24.7	24.3	22.3	20.8	20.1
山口県 Yamaguchi Pref.	49.0	35.4	21.4	18.4	17.0	15.4	11.8	9.5	8.3

2020年までは総務省「国勢調査報告」
2030年以降は九経調推計

年齢3区分別人口の推移と将来推計〈九州8県〉
Transition & Future Estimation in Population by 3 Age Group〈Kyushu's 8 Pref.〉

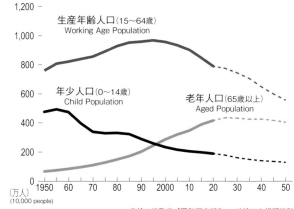

実線は総務省「国勢調査報告」、破線は九経調推計

市区町村別将来推計人口（2020〜2050）

Population Projection by Municipalities (From 2020 to 2050)

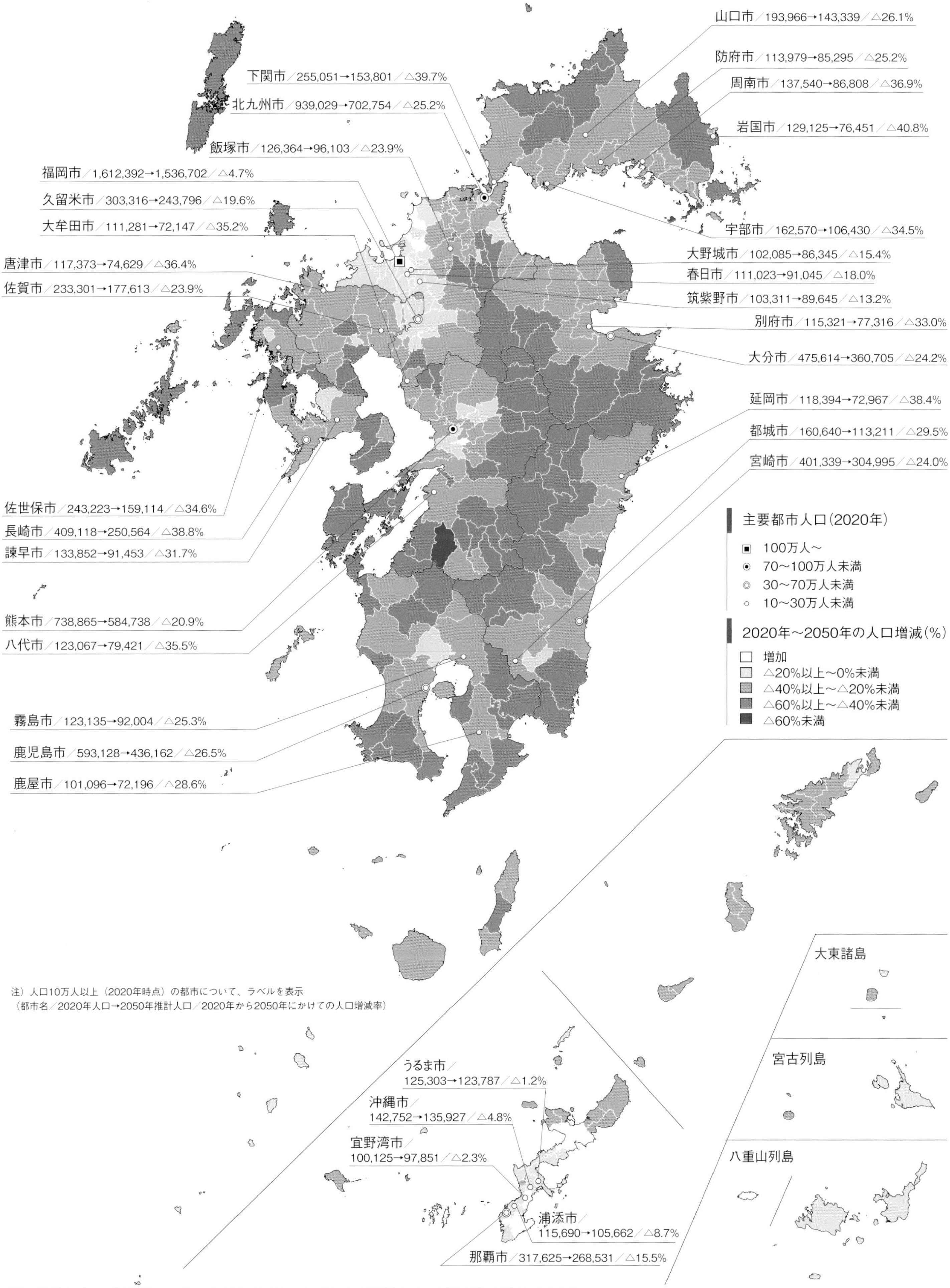

山口市／193,966→143,339／△26.1%

防府市／113,979→85,295／△25.2%

周南市／137,540→86,808／△36.9%

岩国市／129,125→76,451／△40.8%

下関市／255,051→153,801／△39.7%

北九州市／939,029→702,754／△25.2%

飯塚市／126,364→96,103／△23.9%

宇部市／162,570→106,430／△34.5%

福岡市／1,612,392→1,536,702／△4.7%

久留米市／303,316→243,796／△19.6%

大野城市／102,085→86,345／△15.4%

大牟田市／111,281→72,147／△35.2%

春日市／111,023→91,045／△18.0%

筑紫野市／103,311→89,645／△13.2%

唐津市／117,373→74,629／△36.4%

別府市／115,321→77,316／△33.0%

佐賀市／233,301→177,613／△23.9%

大分市／475,614→360,705／△24.2%

延岡市／118,394→72,967／△38.4%

都城市／160,640→113,211／△29.5%

宮崎市／401,339→304,995／△24.0%

佐世保市／243,223→159,114／△34.6%

長崎市／409,118→250,564／△38.8%

諫早市／133,852→91,453／△31.7%

主要都市人口（2020年）

- ■ 100万人〜
- ◉ 70〜100万人未満
- ◎ 30〜70万人未満
- ○ 10〜30万人未満

熊本市／738,865→584,738／△20.9%

八代市／123,067→79,421／△35.5%

2020年〜2050年の人口増減（%）

- □ 増加
- ▨ △20%以上〜0%未満
- ▨ △40%以上〜△20%未満
- ▨ △60%以上〜△40%未満
- ■ △60%未満

霧島市／123,135→92,004／△25.3%

鹿児島市／593,128→436,162／△26.5%

鹿屋市／101,096→72,196／△28.6%

注）人口10万人以上（2020年時点）の都市について、ラベルを表示
（都市名／2020年人口→2050年推計人口／2020年から2050年にかけての人口増減率）

大東諸島

宮古列島

八重山列島

うるま市／
125,303→123,787／△1.2%

沖縄市／
142,752→135,927／△4.8%

宜野湾市／
100,125→97,851／△2.3%

浦添市／
115,690→105,662／△8.7%

那覇市／317,625→268,531／△15.5%

総務省「国勢調査」、九州経済調査協会「2020年国勢調査に基づく2050年までの将来推計人口」（九州経済調査月報2022年10月号）

第2章 都市・地域構造
C.2 Urban & Regional Structure

■九州では福岡、各県では県庁所在都市に機能が集中

　九州の中心都市である福岡市は、一部の経済・交流機能において高い集積がある。九州における福岡市のシェアは、人口、民営事業所数、小売業年間販売額は10%強であるが、卸売業年間販売額41.8%、在留外国人数22.0%、輸出入額34.5%、手形交換高44.2%、国内銀行貸出残高29.9%と高い比率となっている。また、人材を吸引し産業界へ供給する大学も福岡市への集積が著しく、学生数も29.7%を占めている。一方、各県では県庁所在都市に機能が集中する状況にあり、人口、総生産とも県庁所在都市の県内シェアが高い。とくに熊本市は名目域内総生産で約5割、大分市も4割超の県内シェアとなっている。

九州8県に対する福岡市のシェア
Share of Fukuoka City in Kyushu's 8 Pref.

各県「推計人口」、内閣府「県民経済計算年報」、総務省「平成28年経済センサス-活動調査」
財務省「貿易統計」、法務省「在留外国人統計」、全国銀行協会「大都市社員銀行主要勘定」
日本銀行「都道府県別預金・現金・貸出金」、文部科学省「学校基本調査」

県庁所在都市の人口と総生産の県内シェア
Share of Prefectural Capital Cities in the Prefecture
(単位　人、億円、%)
(people, ¥100 million, %)

	総人口(1st. July. 2023) Population		名目域内総生産(F.Y.2019) Nominal Gross Municipal Product	
		県内シェア Share in Prefecture		県内シェア Share in Prefecture
福　岡　市 Fukuoka City	1,639,832	32.1	77,911	39.2
佐　賀　市 Saga City	230,019	28.9	9,183	29.1
長　崎　市 Nagasakai City	394,487	31.1	16,182	34.5
熊　本　市 Kumamoto City	737,049	43.2	22,242	48.8
大　分　市 Oita City	472,887	43.1	26,409	42.0
宮　崎　市 Miyazaki City	397,554	38.1	13,818	37.1
鹿　児　島　市 Kagoshima City	587,706	37.9	20,838	35.9
那　覇　市 Naha City	312,639	21.3	14,062	31.2
山　口　市 Yamaguchi City	191,470	14.7	8,070	12.9

注）1.2023年7月1日現在の推計人口　　　　各県人口推計、各県市町村民経済計算
　　2.名目域内総生産は2015年暦年基準

■支所配置にみる東京ー福岡ー他県の階層構造

　「支店経済」といわれるように、地方圏の経済基盤は大都市に本所（本社）を置く企業の支所（支社・支店等）の立地に依拠している側面があり、この本所ー支所の配置関係が東京を頂点とした都市間の階層構造を規定している。例えば福岡県では県内従業者の17.6%が三大都市本所企業の支所における従業者である。また、九州他県では福岡県本所企業の存在も大きい。一方、地方から他地域へという逆向きの支所配置に着目すると、福岡県、佐賀県、山口県からは三大都市を中心とした他地域への展開が比較的多く、沖縄県、宮崎県、鹿児島県からは少ない。また、佐賀県、大分県からは福岡県への展開が多い。

本所従業者数および支所従業者数（本所所在地別）の割合
Percentage of Workers at Head Office and at Branch Offices by Location of Head Office
(単位　%)

従業地 Place of Work	本所従業者率 Percentage of Workers at Head Office	支所従業者率（本所企業の所在地別） Percentage of Workers at Branch Offices by Location of Head Office				
		自県内 Inside the Pref.	福岡県内 Fukuoka Pref.	九州内他7県 Other 7 Pref. in Kyushu	三大都市 Tokyo, Aichi, Osaka	その他 Others
福　岡　県 Fukuoka Pref.	51.7	22.5	—	2.0	17.6	6.2
佐　賀　県 Saga Pref.	55.1	15.7	9.9	1.4	12.5	5.3
長　崎　県 Nagasaki Pref.	85.6	28.1	7.8	2.2	15.8	6.2
熊　本　県 Kumamoto Pref.	115.9	34.2	10.5	3.8	25.0	9.4
大　分　県 Oita Pref.	76.8	23.1	8.4	1.6	15.1	6.6
宮　崎　県 Miyazaki Pref.	73.3	23.8	5.5	4.1	11.4	5.5
鹿　児　島　県 Kagoshima Pref.	104.4	42.6	6.9	3.3	16.5	9.1
沖　縄　県 Okinawa Pref.	100.0	36.5	1.2	0.6	15.7	7.5
山　口　県 Yamaguchi Pref.	83.1	30.3	4.5	0.9	24.4	16.3

注）1.民営事業所の従業者数　　　　　　　　　　　総務省・経済産業省
　　2.本所には単独事業所企業を含む　　　「令和3年経済センサス-活動調査」
　　3.三大都市は東京都、愛知県、大阪府

支所配置先別の従業者数の割合
Percentage of Workers at Branch Office by Location
(単位　%)

本所所在地 Location of Head Office	支所配置先別の従業者の比率 Workers at Branch Offices by Location				
	自県内 Inside the Pref.	福岡県 Fukuoka Pref.	九州内他7県 Other 7 Pref. in Kyushu	三大都市 Tokyo, Aichi, Osaka	その他 Others
福　岡　県 Fukuoka Pref.	58.3	—	20.3	6.0	15.4
佐　賀　県 Saga Pref.	63.4	11.0	9.6	5.5	10.5
長　崎　県 Nagasaki Pref.	83.8	7.0	5.1	1.4	2.7
熊　本　県 Kumamoto Pref.	78.5	7.0	9.2	1.9	3.5
大　分　県 Oita Pref.	71.2	8.3	9.5	2.7	8.3
宮　崎　県 Miyazaki Pref.	87.1	2.0	6.7	2.2	1.9
鹿　児　島　県 Kagoshima Pref.	86.1	2.6	7.9	1.5	1.9
沖　縄　県 Okinawa Pref.	89.5	0.5	0.4	2.7	6.9
山　口　県 Yamaguchi Pref.	59.8	3.5	2.6	10.1	23.9

注）1.複数の事業所をもつ民営企業の支所従業者数　　　総務省・経済産業省
　　2.三大都市は東京都、愛知県、大阪府　　　「令和3年経済センサス-活動調査」

主要都市の県内シェアの推移（1990年頃〜最新）

Changes of Share of Major Cities in Prefecure (From Around 1990 to Latest)

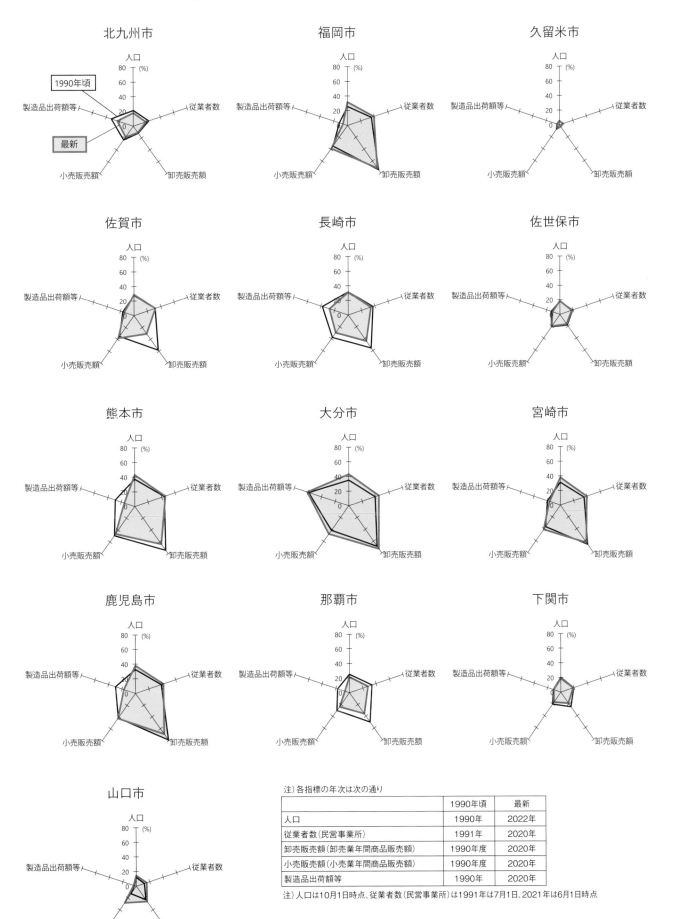

注）各指標の年次は次の通り

	1990年頃	最新
人口	1990年	2022年
従業者数（民営事業所）	1991年	2020年
卸売販売額（卸売業年間商品販売額）	1990年度	2020年
小売販売額（小売業年間商品販売額）	1990年度	2020年
製造品出荷額等	1990年	2020年

注）人口は10月1日時点、従業者数（民営事業所）は1991年は7月1日、2021年は6月1日時点

総務省「国勢調査報告」「事業所統計調査」
総務省・経済産業省「経済センサス・活動調査」
各県・市推計人口

第3章 経済・産業構造
C.3 Economic & Industrial Structure

■第1次・第3次産業の割合が高い九州

　2020年度の九州における実質域内総生産（連鎖方式、2015年基準）は49.4兆円、成長率は前年度比△4.9%となった。九州の成長率は2年連続マイナスで、かつ全国を下回った。九州の実質域内総生産の産業別構成は、第1次産業が2.1%、第2次産業が23.3%、第3次産業が74.6%となっており、全国に比べ第1次・第3次産業の割合が高い。県別では、宮崎県、鹿児島県で第1次産業、佐賀県、大分県、山口県で第2次産業、福岡県、沖縄県で第3次産業の割合が高い。

実質域内総生産と成長率の推移〈九州〉
Gross Regional Product (at constant, 2015 prices) & Growth Rate 〈Kyushu〉

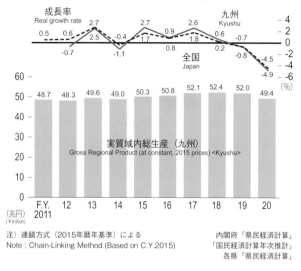

注）連鎖方式（2015年暦年基準）による
Note : Chain-Linking Method (Based on C.Y.2015)

内閣府「県民経済計算」
「国民経済計算年次推計」
各県「県民経済計算」

実質域内総生産の産業別構成（2020年度）
Composition of Regional Product (at constant, 2015 prices) by Prefecture & Sector (F.Y.2020)

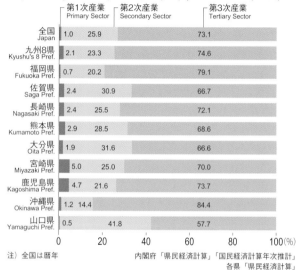

注）全国は暦年

内閣府「県民経済計算」「国民経済計算年次推計」
各県「県民経済計算」

■1人当り県民所得は全国の8割水準、九州・山口内では南北格差

　2020年度の九州の1人当り県民所得は前年度比△6.4%の250万円と、全国に対して83.8%の水準にとどまった。近年、九州の1人当り県民所得および全国の同値との格差は横ばいであったが、2020年度は格差が拡大した。県別にみると、いずれの県においても全国より1人当り県民所得は低く、山口県は全国に対し0.6%、九州8県は10～30%程度下回る。2011年度と比較すると、九州8県全体でみて全国との格差は84.8%から83.8%へと広がり、特に九州では比較的高い水準にあった福岡県で全国との格差が拡大した。1人当り県民所得は、山口県、佐賀県、大分県、福岡県に対し沖縄県、宮崎県、鹿児島県では低く、九州・山口内でも南北で格差がある。

1人当り県民所得の推移〈九州8県〉
Prefectural Income Per Capita & Income Disparity 〈Kyushu's 8 Pref.〉

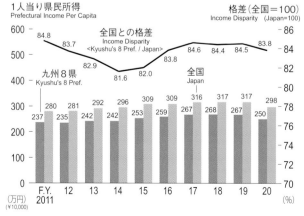

注）全国は47都道府県の計
Note : "Japan" is Sum of All Prefectures

内閣府「県民経済計算」、各県「県民経済計算」

1人当り県民所得の県別格差（2011年度・2020年度）
Prefectural Income Per Capita & Income Disparity of Each Prefecture (F.Y.2011 & F.Y.2020)

注）全国は47都道府県の計
Note : "Japan" is Sum of All Prefectures

内閣府「県民経済計算」、各県「県民経済計算」

就業者1人当り市町村内総生産（F.Y.2019）

Gross Municipal Product Per Person Employed (F.Y.2019)

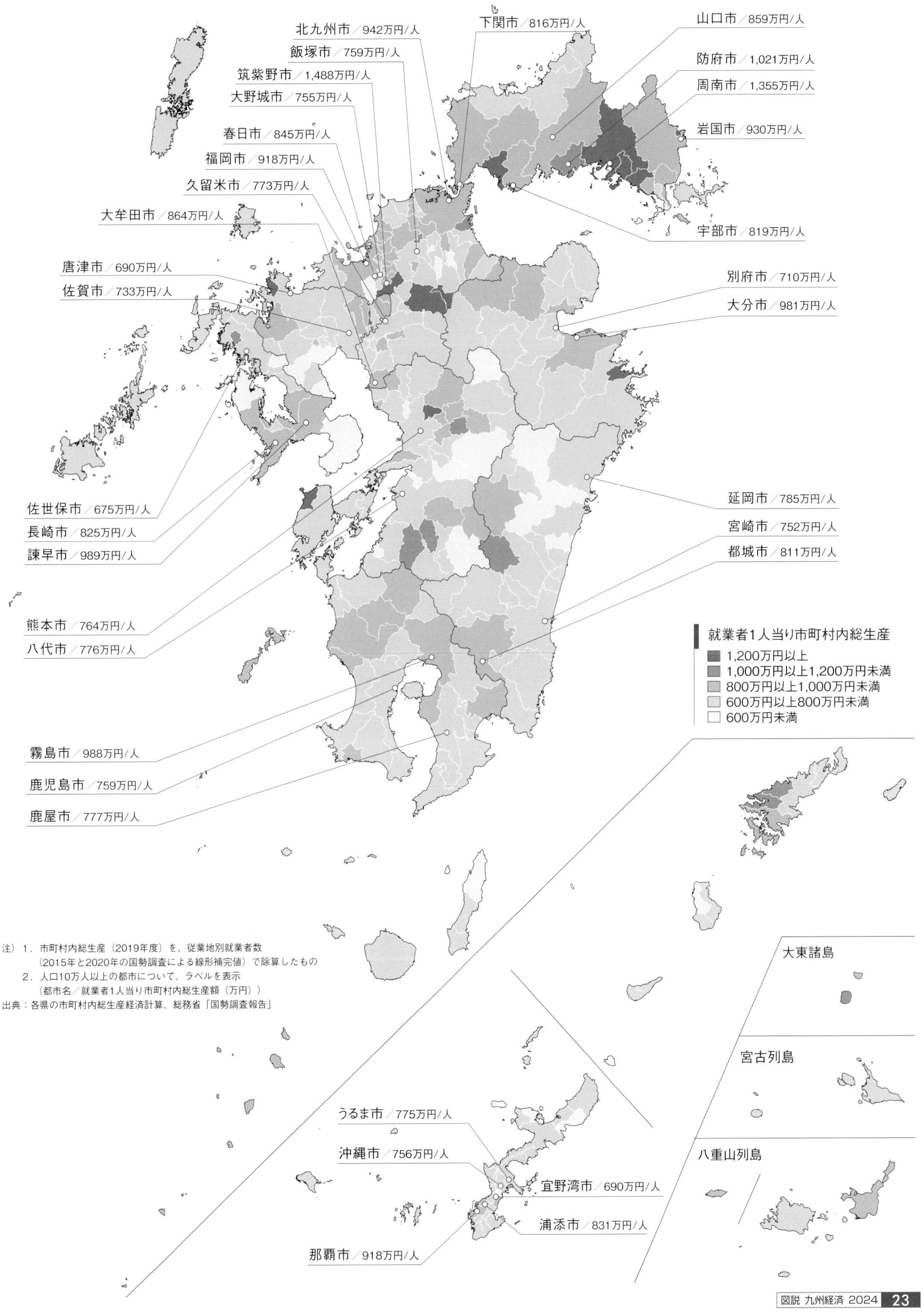

北九州市／942万円／人
飯塚市／759万円／人
筑紫野市／1,488万円／人
大野城市／755万円／人
春日市／845万円／人
福岡市／918万円／人
久留米市／773万円／人
大牟田市／864万円／人
唐津市／690万円／人
佐賀市／733万円／人

下関市／816万円／人
山口市／859万円／人
防府市／1,021万円／人
周南市／1,355万円／人
岩国市／930万円／人
宇部市／819万円／人
別府市／710万円／人
大分市／981万円／人

佐世保市／675万円／人
長崎市／825万円／人
諫早市／989万円／人

延岡市／785万円／人
宮崎市／752万円／人
都城市／811万円／人

熊本市／764万円／人
八代市／776万円／人

霧島市／988万円／人
鹿児島市／759万円／人
鹿屋市／777万円／人

就業者1人当り市町村内総生産
- 1,200万円以上
- 1,000万円以上1,200万円未満
- 800万円以上1,000万円未満
- 600万円以上800万円未満
- 600万円未満

大東諸島
宮古列島
八重山列島

うるま市／775万円／人
沖縄市／756万円／人
宜野湾市／690万円／人
浦添市／831万円／人
那覇市／918万円／人

注）1．市町村内総生産（2019年度）を、従業地別就業者数
　　　（2015年と2020年の国勢調査による線形補完値）で除算したもの
　　2．人口10万人以上の都市について、ラベルを表示
　　　（都市名／就業者1人当り市町村内総生産額（万円））
出典：各県の市町村内総生産経済計算、総務省「国勢調査報告」

第4章　所得・家計
C.4 Income & Household

■給与、金融資産とも全国比で大きく下回る

　九州・山口の2022年の１人当り推計年間給与額をみると、一般労働者では最高が福岡県で471.3万円、最低が沖縄県で375.4万円であった。また、全国平均は496.6万円であり、九州・山口全県で全国を下回っている。短時間労働者も、一般労働者ほど差は大きくないものの、鹿児島県、沖縄県を除くすべての県で全国平均を下回っている。

　九州・山口の2019年の１世帯当り純金融資産高をみると、最高が山口県で855.2万円、最低が沖縄県で279.6万円であった。また、全国平均は823.8万円であり、山口県を除き全国を大きく下回っている。

１人当り推計年間給与額(2022)
Annual Salary Per Capita (2022)

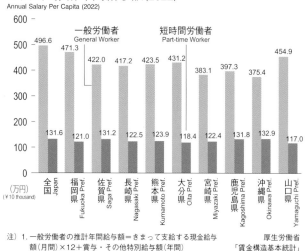

注) 1. 一般労働者の推計年間給与額＝きまって支給する現金給与額（月間）×12＋賞与・その他特別給与額（年間）
　　2. 短時間労働者の推計年間給与額＝1時間当り所定内給与額×1日当り所定内実労働時間数×実労働日数（月間）×12＋賞与・その他特別給与額（年間）

厚生労働省「賃金構造基本統計」

１世帯当り資産現在高・負債現在高(2019)
Financial Assets and Debt Per Household (2019)

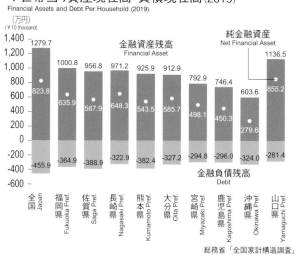

総務省「全国家計構造調査」

■コロナ禍でインターネット利用による支出増が加速

　2022年の１世帯当り１か月間の支出をみると、九州7県は消費支出全体で265,305円となった。構成比をみると、その他の消費支出を除けば食料が26.3%で最多であり、交通・通信（14.8%）、教養娯楽（8.5%）と続く。全国と比較すると、教育や教養娯楽が低い一方、交通・通信は高い傾向にある。

　近年の消費行動の特徴として、インターネットを利用した支出の増加が挙げられる。コロナ禍によりインターネット利用の傾向が加速し、2022年は総額で前年比23.4%増となった。また、感染対策の徹底等を条件とした旅行支援施策の実施が広まった結果、旅行関係費で154.1%増となった一方で、贈答品は反動から前年比7.1%減となった。

１世帯当り１か月間の支出（年平均）と物価の地域差
Expenditure Per Household Per Month (Annual Average) & Price Differentials

（単位 円,%,指数）
（¥, %, Japan=100）

	消費支出 (2022)			消費者物価地域差指数 (2022)(全国=100)
	実額	構成比		
	九州7県 Kyushu's 7 Pref.	九州7県 Kyushu's 7 Pref.	全国 Japan	九州7県 Kyushu's 7 Pref.
消費支出計	265,305	100.0	100.0	97.6
食料	69,781	26.3	26.6	98.1
住居	17,903	6.7	6.4	90.6
光熱・水道	21,516	8.1	8.4	100.2
家具・家事用品	11,964	4.5	4.2	99.3
被服及び履物	7,943	3.0	3.1	97.4
保健医療	13,853	5.2	5.1	99.6
交通・通信	39,321	14.8	14.2	99.1
教育	8,076	3.0	3.9	93.0
教養娯楽	22,603	8.5	9.2	96.0
その他の消費支出	52,345	19.7	18.8	97.7

注) 消費支出は二人以上世帯のデータを使用

総務省「家計調査」「小売物価統計調査」

１世帯当り１か月間のインターネットを利用した支出額（二人以上世帯）〈九州8県〉
Monthly Household Expenditure by Online Shopping〈Kyushu's 8 Pref.〉

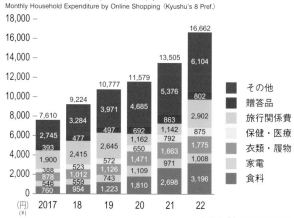

総務省「家計消費状況調査」

食料品消費の地域特性（年間消費額特化係数）
Regional Feature of Food Consumption (Specialization Index of Annual Expenditure)

福岡市 Fukuoka City
品目	特化係数
たらこ	2.42
粉ミルク	1.83
たい	1.73
他の野菜のその他	1.47
あじ	1.44
学校給食	1.44
風味調味料	1.41
ワイン	1.37
まんじゅう	1.37
さしみ盛合わせ	1.36

山口市 Yamaguchi City
品目	特化係数
あじ	2.67
かれい	1.98
たい	1.85
学校給食	1.78
ぶり	1.67
まんじゅう	1.62
梨	1.60
チョコレート菓子	1.51
発泡酒・ビール風アルコール飲料	1.50
合いびき肉	1.47

佐賀市 Saga City
品目	特化係数
たい	2.02
ようかん	2.00
干しのり	1.87
あじ	1.81
かれい	1.80
和食（外食）	1.63
そうざい材料セット	1.54
揚げかまぼこ	1.52
緑茶	1.51
まんじゅう	1.48

熊本市 Kumamoto City
品目	特化係数
たい	2.09
合いびき肉	1.74
まんじゅう	1.71
他の生鮮肉	1.66
ハンバーガー	1.48
発泡酒・ビール風アルコール飲料	1.41
学校給食	1.40
焼肉（外食）	1.38
弁当	1.37
焼酎	1.36

大分市 Oita City
品目	特化係数
あじ	2.22
たい	1.68
まんじゅう	1.68
焼肉（外食）	1.64
合いびき肉	1.56
焼酎	1.47
チョコレート菓子	1.46
酢	1.45
学校給食	1.45
牛肉	1.43

長崎市 Nagasaki City
品目	特化係数
カステラ	5.57
あじ	2.65
かまぼこ	2.18
そうざい材料セット	1.87
揚げかまぼこ	1.85
緑茶	1.73
たい	1.65
合いびき肉	1.56
ぶり	1.56
他の魚肉練製品	1.45

宮崎市 Miyazaki City
品目	特化係数
焼酎	2.08
ぎょうざ	2.07
あじ	1.98
他の柑きつ類	1.86
かつお	1.54
さば	1.54
そうざい材料セット	1.52
合いびき肉	1.42
他の果物	1.42
学校給食	1.42

鹿児島市 Kagoshima City
品目	特化係数
揚げかまぼこ	3.11
乳酸菌飲料	2.25
まんじゅう	2.05
さば	1.92
たい	1.88
焼酎	1.78
緑茶	1.71
酢	1.70
粉ミルク	1.66
学校給食	1.60

那覇市 Naha City
品目	特化係数
かつお節・削り節	3.23
他の加工肉	2.31
魚介の缶詰	2.13
他の野菜のその他	1.99
粉ミルク	1.98
ミネラルウォーター	1.97
ハンバーグ	1.93
他の果物	1.89
にんじん	1.65
弁当	1.62

注）1. 特化係数が1を超える場合、全品目（食料品全体）に対してある品目が占める消費の割合が全国よりも高いことを示す
　　2. 2020〜2022年の3カ年の平均年間消費額
　　3. 二人以上の世帯
　　4. 各市における年間消費額が1,000円未満の品目はランキングから除外した

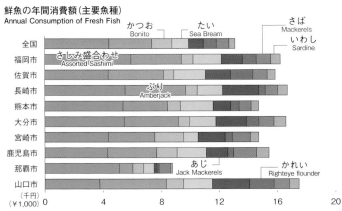

鮮魚の年間消費額（主要魚種）
Annual Consumption of Fresh Fish

かつお Bonito / たい Sea Bream / さば Mackerels / いわし Sardine / さしみ盛合わせ Assorted Sashimi / ぶり Amberjack / あじ Jack Mackerels / かれい Righteye flounder

全国 / 福岡市 / 佐賀市 / 長崎市 / 熊本市 / 大分市 / 宮崎市 / 鹿児島市 / 那覇市 / 山口市
（千円） ¥1,000

注）1. 2020〜2022年の3カ年の平均年間消費額
　　2. 二人以上の世帯
　　3. 1世帯当りの消費額
　　4. 鮮魚の内訳より算出した特化係数がいずれかの市で1.5を上回る品目

清酒と焼酎の年間消費額
Annual consumption of sake and shochu

清酒 Sake / 焼酎 Shochu

全国 / 福岡市 / 佐賀市 / 長崎市 / 熊本市 / 大分市 / 宮崎市 / 鹿児島市 / 那覇市 / 山口市
（千円） ¥1,000

注）1. 2020〜2022年の3カ年の平均年間消費額
　　2. 二人以上の世帯
　　3. 1世帯当りの消費額

総務省「家計調査」

第5章　産業（1）概況
C.5 Industries (1) Overview

■農林漁業、個人向けサービス、インフラ関連に強み

　九州の産業全体の純付加価値額は2020年に25.8兆円であり、卸売業・小売業（5.0兆円）、医療・福祉（4.4兆円）、製造業（4.3兆円）の順に多い。また特化係数に示される通り、農林漁業、生活関連サービス等の個人向けサービス、インフラ関連の純付加価値額が相対的に高い。従業者数の修正特化係数をもちいた各地域の「稼ぐ力」上位の産業を見ると、北九州市では鉄鋼業、久留米市ではゴム製品製造業、長崎市でははん用機械器具製造業といったように、上位にあがっている産業に地域の産業構造の特徴が表れている。

産業別の純付加価値額・構成比・特化係数〈九州8県〉(2020)
Net Value Added, Composition Ratio, and Specialization Coefficient by Sector〈Kyushu's 8 Pref.〉(2020)

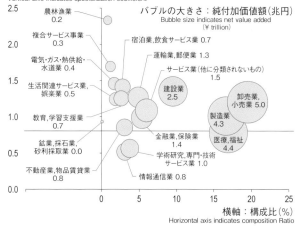

縦軸：特化係数
Vertical axis indicates specialization coefficient

注）1. 横軸は構成比、縦軸は特化係数、バブルサイズは純付加価値額（兆円）を示す
　　2. 特化係数は、九州8県の各産業構成比÷全国の各産業構成比
　　　　　　　　　　　　　　総務省・経済産業省「令和3年経済センサス-活動調査」

各地域「稼ぐ力」上位の産業(2016)
Higher "Earning Power" Industry (2016)

都市名	1位	2位	3位
北九州 Kitakyushu	鉄鋼業	水運業	窯業・土石製品製造業
福　岡 Fukuoka	クレジットカード業等 非預金信用機関	通信業	電気業
久留米 Kurume	ゴム製品製造業	保健衛生	医療業
佐　賀 Saga	政治・経済・文化団体	保健衛生	電気機械器具製造業
長　崎 Nagasaki	水運業	漁業（水産養殖業を除く）	はん用機械器具製造業
佐世保 Sasebo	水産養殖業	漁業（水産養殖業を除く）	国家公務
熊　本 Kumamoto	その他のサービス業	国家公務	保健衛生
大　分 Oita	電子部品・デバイス・電子回路製造業	鉄鋼業	放送業
宮　崎 Miyazaki	郵便業（信書便事業を含む）	放送業	電子部品・デバイス・電子回路製造業
鹿児島 Kagoshima	水運業	保健衛生	飲食料品卸売業
那　覇 Naha	国家公務	水運業	広告業
下　関 Shimonoseki	水運業	ゴム製品製造業	非鉄金属製造業
山　口 Yamaguchi	放送業	政治・経済・文化団体	織物・衣服・身の回り品小売業

注）「稼ぐ力」は従業者数の修正特化係数
　　（（各地域の従業者比率÷全国の従業者比率）×国内の自足率）により算定される
　　　　　　　　　　　　　　総務省統計局「地域の産業・雇用創造チャート」

■上場企業では小売業に強み

　九州・山口の上場企業数で、最多を占めるのは小売業であり、また、全国に比較すると銀行業も構成比で上位に位置する。上場企業の売上高（2022年度）でみると、小売業が突出しているほか、機械・建設など製造業関連の産業が上位に位置する。小売業ではドラッグストアやディスカウントストアの業態の企業が多く、近年それらの企業による全国展開が進んでいる。

業種別上場企業数
Number of Listed Companies by Sector
（単位 社、%）
(companies, %)

九州・山口 Kyushu/Yamaguchi				全国 Japan			
順位 Rank	業種 Sector	企業数 Number of Companies	構成比 Composition Ratio	順位 Rank	業種 Sector	企業数 Number of Companies	構成比 Composition Ratio
1	小　　売	20	13.8	1	情報・通信	591	15.1
2	サービス	19	13.1	2	サービス	551	14.1
3	銀　　行	14	9.7	3	小　　売	341	8.7
4	情報・通信	12	8.3	4	卸　　売	323	8.2
5	卸　　売	10	6.9	5	電気機器	243	6.2
6	建　　設	9	6.2	6	機　　械	229	5.8
7	化　　学	9	6.2	7	化　　学	212	5.4
8	不　動　産	9	6.2	8	建　　設	164	4.2
9	食　料　品	6	4.1	9	不　動　産	144	3.7
10	電気機器	5	3.4	10	食　料　品	127	3.2
―	そ の 他	32	22.1	―	そ の 他	991	25.3
	計	145	100.0		計	3,916	100.0

注）1. 2023年8月末時点
　　2. 業種区分は東証33業種による
　　3. 九州・山口には登記上の本店も含む
　　4. 外国法人・組合を除く
　　　　　　　　　　　　　　EDINET「EDINETコードリスト」

業種別上場企業売上高
Sales Amount of Listed Companies by Sector
（単位 億円、%）
(¥100 million, %)

九州・山口 Kyushu/Yamaguchi				全国（東証上場企業） Japan (Listed Companies on the Tokyo Stock Exchange)			
順位 Rank	業種 Sector	売上高 Sales Amount	構成比 Composition Ratio	順位 Rank	業種 Sector	売上高 Sales Amount	構成比 Composition Ratio
1	小　　売	47,369	28.2	1	卸　　売	1,158,939	13.9
2	電気・ガス	27,111	16.1	2	輸送用機器	968,127	11.6
3	化　　学	22,269	13.2	3	電気機器	857,369	10.3
4	陸　　運	15,561	9.2	4	小　　売	623,184	7.5
5	銀　　行	12,302	7.3	5	情報・通信	503,956	6.0
6	ガラス・土石	9,029	5.4	6	化　　学	431,258	5.2
7	電気機器	7,930	4.7	7	サービス	340,060	4.1
8	卸　　売	6,297	3.7	8	機　　械	332,329	4.0
9	建　　設	6,154	3.7	9	保　　険	326,799	3.9
10	サービス	4,008	2.4	10	建　　設	317,574	3.8
―	そ の 他	10,227	6.1	―	そ の 他	2,488,798	29.8
	計	168,257	100.0		計	8,348,394	100.0

注）1. 九州・山口の集計対象企業は2023年8月末時点の上場企業で、登記上の本店も含む
　　2. 全国の集計対象企業は、東京証券取引所に上場している企業のうち変則決算・新規上場を除く3,554社
　　3. 業種区分は東証33業種による
　　4. 2023年9月時点公表の最新の有価証券報告書、または決算短信の値。売上高、当期利益は百万円未満切捨て
　　　　　　　　　　　　　　EDINET「EDINETコードリスト」
　　　　　　　　　　　　　　有価証券報告書
　　　　　　　　　　　　　　決算短信
　　　　　　　　　　　　　　東京証券取引所「決算短信集計結果」

九州・山口企業の売上高ランキング
Annual Sales Ranking of Companies in Kyushu-Yamaguchi

（単位　百万円）
（　￥ million　）

順位 Rank	企業名 Company Name	本店所在地 Location of Head Office	主要事業 Main Business	売上高 Sales Amount	当期純利益 Net Income
1	九州電力	福岡市中央区	電気・エネルギー事業	1,910,515	△88,686
2	トヨタ自動車九州	宮若市	自動車製造	1,118,073	727
3	ユニクロ	山口市	衣料品・衣料雑貨品販売	843,265	98,193
4	ソニーセミコンダクタマニュファクチャリング	熊本県菊陽町	半導体製造	811,727	△12,294
5	コスモス薬品	福岡市博多区	ドラッグストア	755,413	23,155
6	東ソー	周南市	化学	746,088	33,495
7	九州電力送配電	福岡市中央区	一般送配電事業	709,078	8,311
8	トライアルカンパニー	福岡市東区	ディスカウントストア	518,504	4,091
9	イオン九州	福岡市博多区	スーパーマーケット	484,466	4,672
10	東京エレクトロン九州	合志市	半導体製造装置製造	477,606	70,582
11	ダイハツ九州	中津市	自動車製造	467,849	9,209
12	TOTO	北九州市小倉北区	衛生陶器製造	465,951	23,102
13	トライアルストアーズ	福岡市東区	ディスカウントストア	455,235	1,263
14	ヤマエ久野	福岡市博多区	総合商社	438,014	4,734
15	アステム	大分市	医薬品卸売	380,572	1,311
16	九電工	福岡市南区	総合設備工事	333,007	21,806
17	ダイレックス	佐賀市	ディスカウントストア	288,511	…
18	ファーストリテイリング	山口市	衣料品・衣料雑貨品販売	283,165	258,203
19	トクヤマ	周南市	化学	260,763	1,433
20	小野建	北九州市小倉北区	鋼材・セメント卸売	235,676	5,784
21	新出光	福岡市博多区	石油卸売	234,234	1,508
22	ジーユー	山口市	衣料品・衣料雑貨品販売	229,819	13,600
23	安川電機	北九州市八幡西区	発電・電動機製造	220,541	53,763
24	沖縄電力	浦添市	電気・エネルギー事業	213,383	△45,934
25	九州旅客鉄道	福岡市博多区	鉄道	211,610	25,408
26	アトル	福岡市東区	医薬品卸売	206,922	100
27	ナフコ	北九州市小倉北区	ホームセンター	202,259	5,639
28	西日本鉄道	福岡市博多区	鉄道・バス事業	199,705	12,383
29	サンエー	宜野湾市	スーパーマーケット	197,141	6,824
30	UBE	宇部市	化学	182,370	19,107
31	ドラッグストアモリ	朝倉市	ドラッグストア	182,200	…
32	大分キヤノン	国東市	デジタルカメラ・ビデオ製造	170,882	1,643
33	翔薬	福岡市博多区	医薬品卸売	168,456	△342
34	西部瓦斯	福岡市博多区	ガス供給	167,542	3,039
35	南国殖産	鹿児島市	総合商社	147,888	1,854
36	タイラベストビート	小郡市	遊技場	146,591	…
37	富田薬品	熊本市	医薬品卸売	137,027	884
38	国分九州	福岡市博多区	飲食料品卸売	133,428	380
39	大島造船所	西海市	造船	129,592	△9,265
40	フェイスグループ	福岡市博多区	遊技場	129,400	…
41	西日本フード	福岡市博多区	食肉製品卸売	128,400	3,820
42	ミスターマックス	福岡市東区	ディスカウントストア	122,100	46
43	九州東邦	福岡市東区	医薬品卸売	116,664	296
44	三井ハイテック	北九州市八幡西区	ICリードフレーム製造	113,921	12,543
45	サンリブ	北九州市若松区	スーパーマーケット	113,743	14
46	タイヨー	鹿児島市	スーパーマーケット	107,700	…
47	ヤンマー建機	筑後市	建設機械製造	102,914	1,790
48	アイティーアイ	長崎市	医療産業機器卸売	100,256	…
49	セントラル硝子	宇部市	化学	95,459	30,713
50	久光製薬	鳥栖市	医薬品製造	92,979	10,414

注）1. すべて単体決算
　　2. 2022年4月1日〜2023年3月31日の期間内に決算日を迎えた事業年度の売上高及び当期純利益

東京商工リサーチ「TSR情報」
経済産業省「gBizInfo財務情報」
各社有価証券報告書・決算公告等

九州・山口の上場企業
Listed Companies in Kyushu-Yamaguchi

企業名 Company Name	本店所在地 Location of Head Office	業種 Industry	売上高 Sales Amount	当期利益 Profit	従業員数 Number of Employee
山九	北九州市門司区	陸運	579,226	24,959	31,141
ヤマックス	熊本市中央区	ガラス・土石	18,031	540	586
岡野バルブ製造	北九州市門司区	機械	6,887	483	356
マツモト	北九州市門司区	その他製品	＊2,242	＊74	＊181
若築建設	北九州市若松区	建設	84,004	5,442	854
ビューティ花壇	熊本市南区	卸売	6,413	88	227
平田機工	熊本市北区	機械	78,443	4,269	1,882
TOTO	北九州市小倉北区	ガラス・土石	701,187	38,943	34,152
小野建	北九州市小倉北区	卸売	262,653	7,022	933
ナフコ	北九州市小倉北区	小売	＊202,259	＊5,639	＊1,366
ワールドホールディングス	北九州市小倉北区	サービス	183,640	5,341	34,010
第一交通産業	北九州市小倉北区	陸運	98,972	2,150	10,400
ゼンリン	北九州市小倉北区	情報・通信	58,933	2,770	3,601
ウチヤマホールディングス	北九州市小倉北区	サービス	26,911	△400	2,333
井筒屋	北九州市小倉北区	小売	22,573	1,019	727
シダー	北九州市小倉北区	サービス	＊16,442	＊△276	＊1,326
YE DIGITAL	北九州市小倉北区	情報・通信	16,151	783	650
スターフライヤー	北九州市小倉南区	空運	＊32,275	＊73	＊710
大石産業	北九州市八幡東区	パルプ・紙	21,788	902	545
安川電機	北九州市八幡西区	電気機器	555,955	51,783	13,094
三井ハイテック	北九州市八幡西区	電気機器	174,615	17,581	4,084
黒崎播磨	北九州市八幡西区	ガラス・土石	165,202	8,282	4,770
高田工業所	北九州市八幡西区	建設	57,881	1,646	1,726
大英産業	北九州市八幡西区	不動産	33,999	698	304
ミスターマックス・ホールディングス	福岡市東区	小売	126,904	3,427	722
日本乾溜工業	福岡市東区	建設	16,839	323	306
コスモス薬品	福岡市博多区	小売	827,697	23,797	5,290
西日本鉄道	福岡市博多区	陸運	494,643	18,368	18,456
イオン九州	福岡市博多区	小売	＊459,422	＊4,672	＊5,286
九州旅客鉄道	福岡市博多区	陸運	383,242	31,166	14,269
西部ガスホールディングス	福岡市博多区	電気・ガス	266,319	13,215	3,797
西日本フィナンシャルホールディングス	福岡市博多区	銀行	160,448	26,064	4,215
ロイヤルホールディングス	福岡市博多区	小売	104,015	2,754	1,875
ヤマシタヘルスケアホールディングス	福岡市博多区	卸売	58,195	219	570
サニックス	福岡市博多区	サービス	46,277	1,332	2,054
リックス	福岡市博多区	卸売	45,223	2,763	707
南陽	福岡市博多区	卸売	39,339	2,146	475
アプライド	福岡市博多区	小売	38,606	1,098	428
九州リースサービス	福岡市博多区	その他金融	36,807	5,862	155
正興電機製作所	福岡市博多区	電気機器	25,007	1,082	1,007
はせがわ	福岡市博多区	小売	21,608	1,154	747
ベガコーポレーション	福岡市博多区	小売	16,973	120	230
トラストホールディングス	福岡市博多区	不動産	13,418	239	171
日本タングステン	福岡市博多区	電気機器	12,645	767	513
テノ．ホールディングス	福岡市博多区	サービス	12,128	△27	1,903
FCホールディングス	福岡市博多区	サービス	8,566	808	395
グッドライフカンパニー	福岡市博多区	不動産	8,061	310	90
きょくとう	福岡市博多区	サービス	＊4,688	＊△169	＊161
ピー・ビーシステムズ	福岡市博多区	情報・通信	＊2,503	＊183	＊53
九州電力	福岡市中央区	電気・ガス	2,221,300	△56,429	21,096
ふくおかフィナンシャルグループ	福岡市中央区	銀行	331,323	31,152	7,546
OCHIホールディングス	福岡市中央区	卸売	115,613	2,484	1,487
三井松島ホールディングス	福岡市中央区	鉱業	80,015	22,977	1,455
新日本製薬	福岡市中央区	化学	36,107	2,357	302
富士ピー・エス	福岡市中央区	建設	26,843	123	500
力の源ホールディングス	福岡市中央区	小売	26,116	1,628	498
グリーンクロス	福岡市中央区	卸売	22,514	1,052	797
ヤマウホールディングス	福岡市中央区	ガラス・土石	18,509	1,324	813
ビジネス・ワンホールディングス	福岡市中央区	不動産	12,211	645	193
トランスジェニック	福岡市中央区	サービス	11,429	△409	236
コーセーアールイー	福岡市中央区	不動産	10,995	1,259	81
ピエトロ	福岡市中央区	食料品	9,108	△399	293
福岡中央銀行	福岡市中央区	銀行	＊8,737	＊1,027	＊418
ヌーラボ	福岡市中央区	サービス	＊2,706	＊88	＊147
アイキューブドシステムズ	福岡市中央区	情報・通信	＊2,665	＊440	＊123
フォーシーズHD	福岡市中央区	小売	2,324	△156	120
ホープ	福岡市中央区	サービス	＊2,157	＊5,028	＊136
フロンティア	福岡市中央区	サービス	1,917	39	19
メディアファイブ	福岡市中央区	情報・通信	1,747	8	238
メディア総研	福岡市中央区	サービス	776	＊131	35
九電工	福岡市南区	建設	395,783	26,349	10,504
日創プロニティ	福岡市南区	金属	7,374	154	282
マルタイ	福岡市西区	食料品	＊8,332	＊228	＊181

注）1.＊印は単独、その他は連結　2.2023年9月時点公表の最新の有価証券報告書、または決算短信の値。売上高、当期利益は百万円未満切捨て
　　3.登記上の本店も含む　4.Tokyo Pro Market、不動産投資信託（REIT）は除く　5.業種区分は東証33業種による
　　6.福岡中央銀行は2023年10月1日に株式会社ふくおかフィナンシャルグループと経営統合

（単位　百万円、人）
（ ¥ million, people ）

企 業 名 Company Name	本店所在地 Location of Head Office	業 種 Industry	売上高 Sales Amount	当期利益 Profit	従業員数 Number of Employee
RKB毎日ホールディングス	福岡市早良区	情報・通信	22,725	669	659
九州フィナンシャルグループ	鹿児島市	銀行	214,368	24,668	4,575
沖縄セルラー電話	那覇市	情報・通信	77,299	10,852	439
大分銀行	大分市	銀行	72,905	5,409	1,750
宮崎銀行	宮崎市	銀行	68,488	8,126	1,449
Misumi	鹿児島市	卸売	63,792	673	645
琉球銀行	那覇市	銀行	60,093	5,896	1,758
ジョイフル	大分市	小売	59,056	1,610	1,126
おきなわフィナンシャルグループ	那覇市	銀行	52,687	5,835	1,558
佐賀銀行	佐賀市	銀行	47,675	5,491	1,308
リンガーハット	長崎市	小売	37,734	△ 403	548
新日本科学	鹿児島市	サービス	25,090	6,060	1,208
戸上電機製作所	佐賀市	電気機器	24,805	1,433	1,094
アクシーズ	鹿児島市	水産・農林	24,101	410	1,247
南日本銀行	鹿児島市	銀行	14,651	1,532	631
アメイズ	大分市	サービス	＊ 14,507	＊ 1,736	＊ 129
宮崎太陽銀行	宮崎市	銀行	14,373	1,550	614
FIG	大分市	情報・通信	12,914	685	710
ジェイリース	大分市	その他金融	10,960	1,667	369
コーアツ工業	鹿児島市	建設	10,079	561	293
豊和銀行	大分市	銀行	9,886	1,302	508
オプティム	佐賀市	情報・通信	＊ 9,277	＊ 962	＊ 381
プリントネット	鹿児島市	その他製品	＊ 8,648	＊ 403	＊ 252
サンケイ化学	鹿児島市	化学	7,242	212	119
ソフトマックス	鹿児島市	情報・通信	＊ 5,050	＊ 419	＊ 200
昴	鹿児島市	サービス	＊ 3,511	＊ 217	＊ 311
グランディーズ	大分市	不動産	2,661	65	98
WASHハウス	宮崎市	サービス	1,921	11	95
ハンズマン	都城市	小売	＊ 30,865	＊ 1,200	＊ 176
室町ケミカル	大牟田市	医薬品	＊ 6,291	＊ 350	＊ 205
日本情報クリエイト	都城市	情報・通信	＊ 3,770	＊ 185	＊ 307
久光製薬	鳥栖市	医薬品	128,330	11,742	2,769
旭有機材	延岡市	化学	77,099	9,425	1,652
梅の花	久留米市	小売	27,456	△ 440	659
ミズホメディー	鳥栖市	医薬品	＊ 17,581	＊ 7,838	＊ 175
筑邦銀行	久留米市	銀行	17,290	603	565
グリーンランドリゾート	荒尾市	サービス	5,732	428	208
サンエー	宜野湾市	小売	＊ 197,319	＊ 7,569	＊ 1,777
アイ・ケイ・ケイホールディングス	伊万里市	サービス	19,056	1,398	896
cotta	津久見市	卸売	8,843	399	92
沖縄電力	浦添市	電気・ガス	223,517	△45,457	3,075
Lib Work	山鹿市	建設	14,183	173	302
マルマエ	出水市	機械	＊ 8,585	＊ 1,817	＊ 179
丸東産業	小郡市	化学	18,136	416	376
ヒガシマル	日置市	食料品	11,724	△ 75	378
HYUGA PRIMARY CARE	春日市	小売	＊ 6,657	＊ 382	＊ 442
プラッツ	大野城市	その他製品	6,312	222	106
西部電機	古賀市	機械	28,478	1,806	591
鳥越製粉	うきは市	食料品	24,403	931	369
サイタホールディングス	朝倉市	建設	5,816	371	229
昭和鉄工	福岡県宇美町	金属	12,042	78	381
協立エアテック	福岡県篠栗町	金属	10,596	363	333
イフジ産業	福岡県粕屋町	食料品	20,891	1,116	146
ワイエスフード	福岡県香春町	小売	＊ 1,425	＊ 35	＊ 71
山口フィナンシャルグループ	下関市	銀行	157,324	17,894	3,797
長府製作所	下関市	金属	49,792	3,866	1,193
林兼産業	下関市	食料品	42,544	333	461
エストラスト	下関市	不動産	15,619	838	73
東武住販	下関市	不動産	＊ 7,673	＊ 376	＊ 130
REVOLUTION	下関市	不動産	2,026	3	32
UBE	宇部市	化学	494,738	△ 7,006	8,028
セントラル硝子	宇部市	化学	169,309	42,494	3,350
ユーピーアール	宇部市	サービス	13,329	680	217
チタン工業	宇部市	化学	＊ 8,070	＊ 322	＊ 320
エムビーエス	宇部市	建設	＊ 4,004	＊ 322	＊ 91
アルファクス・フード・システム	宇部市	情報・通信	＊ 1,336	＊ △ 598	＊ 95
ファーストリテイリング	山口市	小売	2,301,122	273,335	57,576
秋川牧園	山口市	水産・農林	7,070	156	303
リテールパートナーズ	防府市	小売	226,740	2,917	1,929
TRUCK-ONE	下松市	卸売	7,096	108	115
東ソー	周南市	化学	1,064,376	50,335	14,226
トクヤマ	周南市	化学	351,790	9,364	5,909

東京証券取引所「東証上場銘柄一覧（2023年8月末）」、福岡証券取引所ウェブサイト、有価証券報告書、決算短信

第5章　産業（2）農林水産業
C.5 Industries (2) Agriculture, Forestry & Fisheries

■全国の２割を占める九州の農業産出額

　2021年の九州における農業産出額は１兆8,827億円で、全国の21.2％を占めている。ブロック別にみると、九州の農業産出額は関東に次ぐ第２位となっており、九州はわが国の「食料供給基地」としての役割を担っている。県別にみると、鹿児島県が4,997億円（全国２位）と最も多い。次いで宮崎県が3,478億円（同４位）、熊本県が3,477億円（同５位）となっている。なかでも宮崎県と鹿児島県は畜産業の産出額が多く、畜産部門では鹿児島県が3,329億円で北海道に次ぐ全国２位、宮崎県が2,308億円で同３位となっている。

ブロック別農業産出額の部門別構成 (2021)
Agricultural Output by Region & Category (2021)

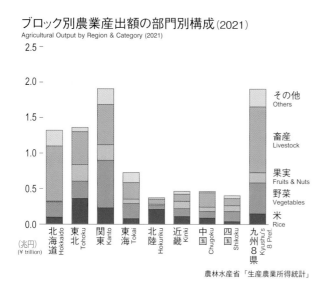

農林水産省「生産農業所得統計」

九州・山口の農業産出額の部門別構成 (2021)
Agricultural Output by Category (2021)

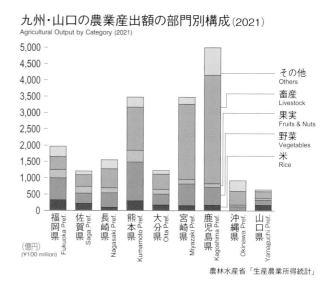

農林水産省「生産農業所得統計」

■農業・漁業就業者の高齢化の進展と農業生産法人の増加

　九州７県における基幹的農業就業者のうち65歳以上が占める割合は、1990年の21.7％から2020年には64.5％へと上昇している。漁業就業者についても、1993年の16.0％から2018年には38.2％へと上昇した。九州７県の農業・漁業就業者は全国と比較して若いとはいえ、高齢化の進展が大きな課題となっている。

　一方、法人化する農家や農業に参入する企業は増えている。2021年１月現在、九州７県には3,596の農地所有適格法人（旧農業生産法人）があり、1995年の約5.6倍となっている。農業の新しい担い手としても期待される農業生産法人の増加によって、農業経営の承継、規模拡大、経営管理の徹底によるコスト削減につながる可能性がある。

農業・漁業就業者の65歳以上比率
Ratio of Workers Aged 65 and Over in Agriculture and Fishery

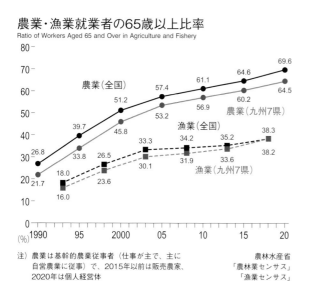

注）農業は基幹的農業従事者（仕事が主で、主に自営農業に従事）で、2015年以前は販売農家、2020年は個人経営体

農林水産省「農林業センサス」「漁業センサス」

農地所有適格法人数の推移
Number of Corporation Qualified to Own Cropland

（単位　法人、％）
(corporations, %)

		1995	2000	2005	2010	2015	2020	2021	2021/2020
全国	合　計	4,150	5,889	7,904	11,829	15,106	19,550	20,045	2.5
	特例有限会社	2,797	4,366	5,961	6,907	6,427	6,021	5,639	△6.3
	農事組合法人	1,335	1,496	1,782	3,056	4,111	5,571	5,608	0.7
	株式会社	18	27	120	1,696	4,245	7,333	8,068	10.0
	その他			41	170	323	625	730	16.8
九州7県	合　計	646	919	1,254	2,031	2,592	3,394	3,596	6.0
	特例有限会社	328	642	944	1,211	1,154	1,126	1,106	△1.8
	農事組合法人	315	273	280	448	563	838	851	1.6
	株式会社	3	4	22	349	825	1,344	1,539	14.5
	その他			8	23	50	86	100	16.3

注）1. 特例有限会社とは、2006年5月の会社法施行に伴い、既存の有限会社が移行したものである
　　2. 特例有限会社の欄について、表中の2005年までの数値（全国、九州）は、「有限会社」である

九州農政局「九州食料・農業・農村情勢報告」「見たい！知りたい！九州農業」

主要農林水産品地図（全国シェアトップ5）

Map of Major Products of Agriculture, Forestry & Fisheries (Top Five Prefectural Share in Japan)

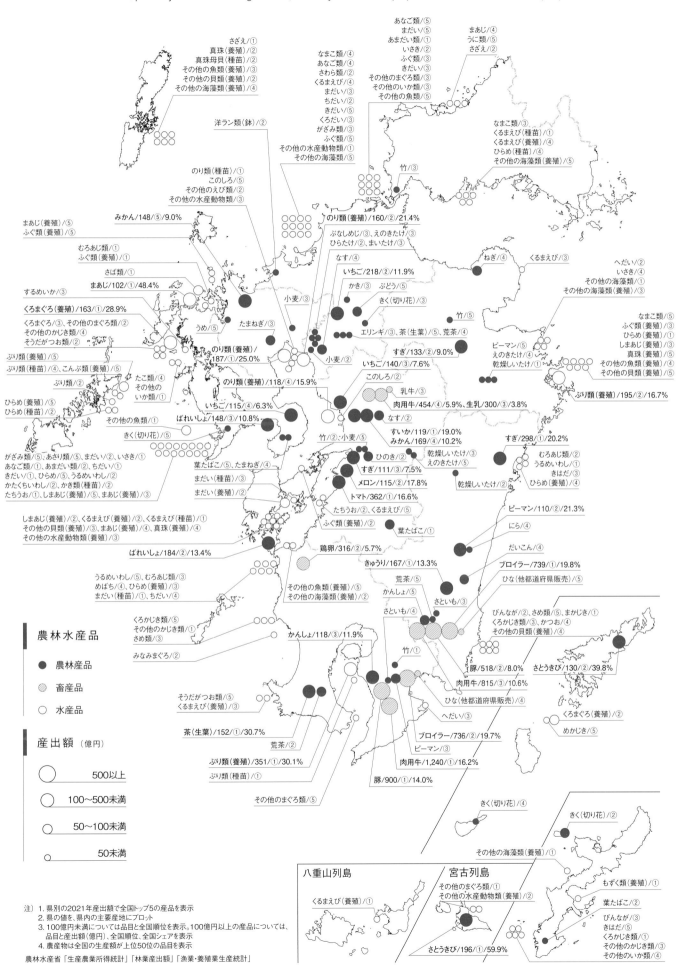

さざえ/①
真珠(養殖)/②
真珠母貝(種苗)/②
その他の魚類(養殖)/③
その他の貝類(養殖)/②
その他の海藻類(養殖)/②

洋ラン類(鉢)/②

あなご類/⑤
まだい/⑤
あまだい類/①
いさき/⑤
ふぐ類/⑤
きだい/⑤
その他のまぐろ類/④
その他のいか類/⑤
その他の魚類/⑤

まあじ/④
うに類/⑤
さざえ/②

なまこ類/③
くるまえび(種苗)/①
くるまえび(養殖)/④
ひらめ(種苗)/④
その他の海藻類(養殖)/⑤

なまこ類/④
あなご類/②
さわら類/②
くるまえび/⑤
まだい/③
ちだい/②
きだい/②
くろだい/③
がざみ類/②
ふぐ類/③
その他の水産動物類/①
その他の海藻類/⑤

のり類(種苗)/①
このしろ/⑤
その他のえび類/③
その他の水産動物類/③

みかん/148/⑤/9.0%

まあじ(養殖)/⑤
ふぐ類(養殖)/⑤

むろあじ類/①
ふぐ類(養殖)/①

さば類/①
まあじ/102/①/48.4%

するめいか/③

くろまぐろ(養殖)/163/①/28.9%

くろまぐろ/③、その他のまぐろ類/②
その他のかじき類/④
そうだがつお類/②

うめ/⑤

たまねぎ/③

小麦/③

のり類(養殖)/160/②/21.4%

ぶなしめじ/②、えのきたけ/⑤
ひらたけ/②、まいたけ/③

なす/④

いちご/218/①/11.9%

かき/② ぶどう/②

きく(切り花)/③

竹/②

エリンギ/②、茶(生葉)/⑤、荒茶/②

ねぎ/④

くるまえび/③

へだい/②
いさき/④
その他の海藻類/①
その他の海藻類(養殖)/②

なまこ類/⑤
ふぐ類(養殖)/③
ひらめ(養殖)/②
しまあじ/②
真珠(養殖)/②
その他の魚類(養殖)/②
その他の貝類(養殖)/②

ぶり類(養殖)/195/②/16.7%

のり類(養殖)/187/①/25.0%

小麦/③

ぶり類(養殖)/⑤

ぶり類(種苗)/②、こんぶ類(養殖)/⑤

ぶり類/②

たこ類/④
その他のいか類/①

ひらめ(養殖)/⑤
ひらめ(種苗)/②

その他の魚類/①

きく(切り花)/⑤

がざみ類/⑤、あさり類/②、まだい/①、いさき/③
あなご類/①、あまだい類/②、ちだい/①
きだい/①、ひらめ/⑤、うるめいわし/②
かたくちいわし/②、かき類/⑤
たちうお/①、しまあじ(養殖)/⑤、まあじ/①

しまあじ(養殖)/②、くるまえび(養殖)/②、くるまえび(種苗)/①
その他の貝類(養殖)/②、まだい(養殖)/④、真珠(養殖)/④
その他の水産動物類(養殖)/③

ばれいしょ/148/③/10.8%

のり類(養殖)/118/④/15.9%

いちご/115/④/6.3%

乳牛/③

肉用牛/454/④/5.9%、生乳/300/③/3.8%

すいか/119/①/19.0%
みかん/169/②/10.2%

すぎ/133/②/9.0%

ピーマン/⑤
えのきたけ/④
乾燥しいたけ/①

いちご/140/③/7.6%

このしろ/②

なす/②

すぎ/298/①/20.2%

むろあじ類/②
うるめいわし/①
きはだ/②
ひらめ(養殖)/②

竹/③・小麦/⑤

乾燥しいたけ/④
えのきたけ/⑤

乾燥しいたけ/②

すぎ/111/④/7.5%

ひのき/②

メロン/115/②/17.8%

トマト/362/①/16.6%

ピーマン/110/②/21.3%

にら/④

だいこん/④

葉たばこ/⑤、たまねぎ/④

まだい(種苗)/③

まだい(養殖)/②

たちうお/②、くるまえび/③

ふぐ類(養殖)/③

葉たばこ/①

ブロイラー/739/①/19.8%

ひな(他都道府県販売)/⑤

うるめいわし/①、むろあじ類/③
めばち/④、ひらめ(養殖)/③
まだい(種苗)/①、ちだい/④

くろかじき類/⑤
その他のかじき類/④
さめ類/③

みなみまぐろ/②

鶏卵/316/②/5.7%

きゅうり/167/①/13.3%

荒茶/⑤

かんしょ/③

さといも/③

びんなが/②、さめ類/⑤、まかじき/①
くろかじき類/③、かつお/②
その他の貝類(養殖)/④

くろまぐろ(養殖)/②
めかじき/⑤

さとうきび/130/④/39.8%

かんしょ/118/③/11.9%

竹/①

さといも/④

豚/518/②/8.0%

肉用牛/815/①/10.6%

ひな(他都道府県販売)/④

へだい/③

そうだがつお類/⑤
くるまえび(養殖)/②

茶(生葉)/152/①/30.7%

荒茶/②

ぶり類(養殖)/351/①/30.1%

ぶり類(種苗)/①

ブロイラー/736/②/19.7%

ピーマン/③

肉用牛/1,240/①/16.2%

豚/900/①/14.0%

その他のまぐろ類/⑤

農林水産品

- ● 農林産品
- ◐ 畜産品
- ○ 水産品

産出額 （億円）

- ○ 500以上
- ○ 100〜500未満
- ○ 50〜100未満
- ○ 50未満

きく(切り花)/④

きく(切り花)/②

くろまぐろ(養殖)/②
めかじき/⑤

その他の海藻類(養殖)/①

八重山列島

くるまえび(養殖)/①

宮古列島

その他のまぐろ類/①
その他の水産動物類(養殖)/②

もずく類(養殖)/①

葉たばこ/②
びんなが/③
きはだ/⑤
くろかじき類/①
その他のかじき類/③
その他のいか類/④

さとうきび/196/①/59.9%

注）1. 県別の2021年産出額で全国トップ5の産品を表示
2. 県の値を、県内の主要産地にプロット
3. 100億円未満については品目と全国順位を表示。100億円以上の産品については、
品目と産出額(億円)、全国順位、全国シェアを表示
4. 農産物は全国の生産額が上位50位の品目を表示

農林水産省「生産農業所得統計」「林業産出額」「漁業・養殖業生産統計」

第5章　産業（3）建設業
C.5 Industries (3) Construction

■建設工事出来高は２年連続で増加

　2022年度の建設工事出来高は前年度比1.3%増の６兆6,499億円となり、２年連続で増加した。九州における建設工事の特徴として、公共工事の割合が高いことが挙げられる。九州全体で公共工事の割合は44.3%であり、全国の38.4%を上回っている。ただし、民間工事の割合も増加しており、福岡県においては、民間工事の割合が68.1%で全国（61.6%）を唯一上回っている。

種類別建設工事出来高の推移〈九州８県〉
Amount of Completed Construction Work by Type 〈Kyushu's 8 Pref.〉

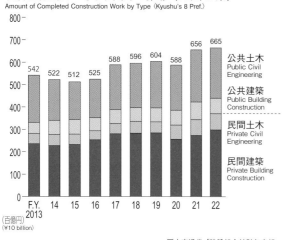

国土交通省「建設総合統計年度報」

県別種類別建設工事出来高 (F.Y.2022)
Amount of Completed Construction Work by Prefecture & Type (F.Y.2022)

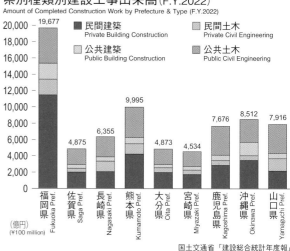

国土交通省「建設総合統計年度報」

■深刻化する人材不足

　人口減少や高齢化、また2000年代における工事の減少により、建設業の就業者数は長期的に減少傾向にあった。一方、2010年代に景気回復や再開発の活発化、さらに度重なる自然災害の復旧・復興工事によって工事が増加しており、人材不足が深刻化している。65歳以上の就業継続や女性の入職者増加、ICT活用（i-Construction）による生産性向上、建設現場の魅力向上といった施策が重要である。

年齢階級別建設業就業者数の推移〈九州８県〉
Number of Construction Workers by Age Group 〈Kyushu's 8 Pref.〉

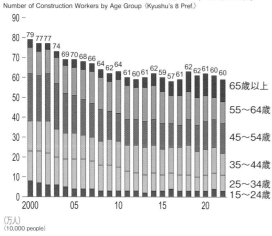

注）1. 合計のラベルは15歳以上の総数であり、四捨五入により各年齢階級の計とは一致しない
　　2. 2011年までは「九州・沖縄」の値、2012年以降は「九州」と「沖縄」の計

総務省「労働力調査年報」

建設関連職業の求人求職バランス〈九州８県〉
Job Offer-seeking Balance for Construction-related Occupations 〈Kyushu's 8 Pref.〉

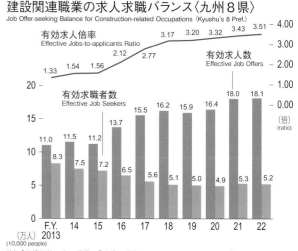

注）「建設躯体工事の職業」「建設の職業」「電気工事の職業」「土木の職業」の計

厚生労働省「職業安定業務統計」

第5章　産業（4）製造業〜概況
C.5 Industries (4) Manufacturing 〜 Overview

■製造品出荷額等は横ばい、輸出の全国シェアは上昇傾向

2021年における九州の製造品出荷額等は23兆3,869億円である。コロナ禍に起因するサプライチェーンの混乱などから減少し、以降、横ばいで推移している。2022年の輸出額シェアは8.5%であり、緩やかに上昇傾向にある。九州は以前から製造品の輸出の比率が高い傾向にあったが、近年もそれが続いており、日本における輸出拠点としての地位が高まっている。

製造品出荷額等の推移〈九州8県〉
Value of Manufactured Goods Shipments〈Kyushu's 8 Pref.〉

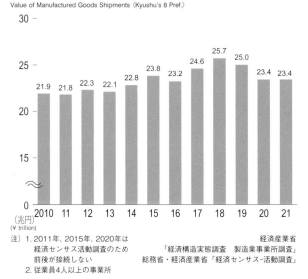

注）1. 2011年、2015年、2020年は
　　　経済センサス活動調査のため
　　　前後が接続しない
　　2. 従業員4人以上の事業所

経済産業省
「経済構造実態調査　製造業事業所調査」
総務省・経済産業省「経済センサス-活動調査」

製造品出荷額等・輸出額の全国比推移〈九州8県〉
Share in Japan of Manufactured Goods Shipments and Exports〈Kyushu's 8 Pref.〉

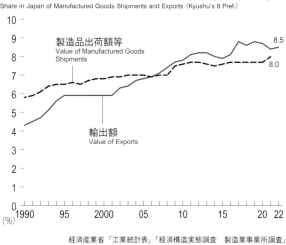

経済産業省「工業統計表」「経済構造実態調査　製造業事業所調査」
財務省「貿易統計」

■輸送用機械器具や食料品、鉄鋼、電子部品等が多い九州

九州の製造品出荷額等を多い順に並べると、輸送用機械器具、食料品、鉄鋼業、化学工業、電子部品・デバイス・電子回路となっている。全国比では、上位10業種のうち飲料・たばこ・飼料が14.1%と最も高く、次に高いのは窯業・土石製品で12.5%となっている。

製造品出荷額等上位10業種と全国比〈九州8県〉(2021)
Value of Shipments of Top 10 Ranked Industries & Its Share in Japan〈Kyushu's 8 Pref.〉(2021)

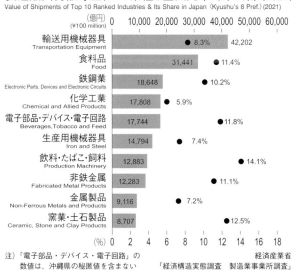

注）「電子部品・デバイス・電子回路」の
　　数値は、沖縄県の秘匿値を含まない

経済産業省
「経済構造実態調査　製造業事業所調査」

県別製造品出荷額等上位3業種と構成比(2021) (単位　%)
Top 3 Ranked Sub Industries in Composition of Value of Shipments by Prefecture (2021)

	1位	2位	3位
全国 Japan	輸送用機械器具 (17.4)	化学工業 (10.4)	食料品 (9.4)
九州8県 Kyushu's 8 Pref.	輸送用機械器具 (18.0)	食料品 (13.4)	鉄鋼業 (8.0)
福岡県 Fukuoka Pref.	輸送用機械器具 (30.2)	鉄鋼業 (11.3)	食料品 (10.6)
佐賀県 Saga Pref.	食料品 (17.1)	電子部品・デバイス・電子回路 (11.1)	輸送用機械器具 (10.5)
長崎県 Nagasaki Pref.	輸送用機械器具 (23.0)	電子部品・デバイス・電子回路 (20.9)	食料品 (18.2)
熊本県 Kumamoto Pref.	生産用機械器具 (21.1)	電子部品・デバイス・電子回路 (13.4)	輸送用機械器具 (12.6)
大分県 Oita Pref.	非鉄金属 (17.5)	鉄鋼業 (16.1)	化学工業 (14.6)
宮崎県 Miyazaki Pref.	食料品 (23.1)	化学工業 (12.3)	飲料・たばこ・飼料 (10.8)
鹿児島県 Kagoshima Pref.	食料品 (33.5)	飲料・たばこ・飼料 (21.0)	電子部品・デバイス・電子回路 (11.3)
沖縄県 Okinawa Pref.	食料品 (39.2)	飲料・たばこ・飼料 (13.8)	窯業・土石製品 (12.9)
山口県 Yamaguchi Pref.	化学工業 (33.2)	石油製品・石炭製品 (16.4)	輸送用機械器具 (13.4)

経済産業省「経済構造実態調査　製造業事業所調査」

第5章　産業（4）製造業〜食料品・飲料

C.5 Industries (4) Manufacturing 〜 Food & Beverages

■食料品出荷額は横ばい傾向

　2020年の九州の食料品製造業の出荷額は3兆5,273億円であった。前年より1.3％増加したが、依然横ばい傾向と言える。九州は、全国に比べ製造業に占める食料品製造業のシェアが高いという特徴があり、2020年においては、九州は15.1％（全国9.8％）となっている。県別にみると、沖縄県（40.6％）、鹿児島県（36.0％）、宮崎県（22.6％）は製造業全体に占める食料品出荷額のシェアが特に高い。鹿児島県は畜産や水産加工品、宮崎県は畜産や野菜・果実加工品、沖縄県は亜熱帯性の気候に適した1次産品の加工がそれぞれ盛んなことが主な要因である。

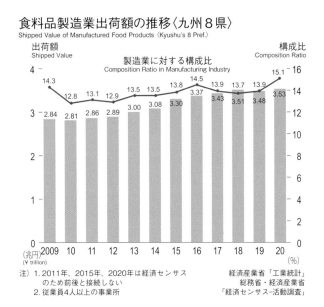

食料品製造業出荷額の推移〈九州8県〉
Shipped Value of Manufactured Food Products〈Kyushu's 8 Pref.〉

注）1. 2011年、2015年、2020年は経済センサス
　　のため前後と接続しない
　　2. 従業員4人以上の事業所

経済産業省「工業統計」
総務省・経済産業省
「経済センサス-活動調査」

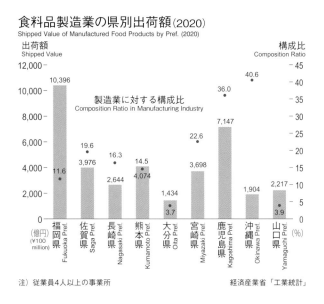

食料品製造業の県別出荷額（2020）
Shipped Value of Manufactured Food Products by Pref. (2020)

注）従業員4人以上の事業所

経済産業省「工業統計」

■飲料・たばこ・飼料製造業出荷額は減少

　2020年の九州における飲料・たばこ・飼料製造業の出荷額は1兆5,036億円と前年より7.2％減少したが、製造業に占める割合は6.4％と前年とほぼ同水準であった。製造業全体に対する当業種の割合を県別にみると、飼料や焼酎の生産が盛んな鹿児島県が19.1％と最も高く、次いで沖縄県が高くなっている。2021年度の九州における酒類の生産量について、単式蒸留焼酎（本格焼酎）は課税額の全国シェア95.2％を占めており、特に宮崎県や鹿児島県、大分県などで生産が盛んである。

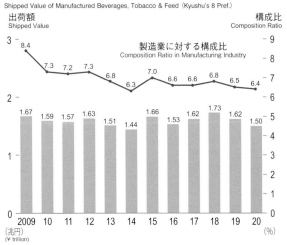

飲料・たばこ・飼料製造業出荷額の推移〈九州8県〉
Shipped Value of Manufactured Beverages, Tobacco & Feed〈Kyushu's 8 Pref.〉

注）1. 2011年、2015年、2020年は経済センサス
　　のため前後と接続しない
　　2. 従業員4人以上の事業所

経済産業省「工業統計」
総務省・経済産業省
「経済センサス-活動調査」

酒類課税状況（F.Y.2021）
Taxation by Liquor Production (F.Y.2021)

（単位　百万円、％）
（¥ million, %）

	課税額 Amount of Tax	全国シェア　Share in Japan				
		合計 Total	清酒 Sake	単式蒸留 焼酎 Simple System Distillation Shochu	ビール Beer	その他 Others
九 州 8 県 Kyushu's 8 Pref.	176,811	16.5	*2.0*	95.2	*3.5*	*13.3*
福 岡 県 Fukuoka Pref.	74,328	6.9	0.7	12.4	…	…
佐 賀 県 Saga Pref.	1,128	0.1	0.5	0.9	…	…
長 崎 県 Nagasaki Pref.	549	0.1	0.2	0.5	…	…
熊 本 県 Kumamoto Pref.	11,110	1.0	0.2	3.2	0.8	0.9
大 分 県 Oita Pref.	31,417	2.9	0.4	21.0	2.0	0.7
宮 崎 県 Miyazaki Pref.	28,884	2.7	…	30.9	0.0	…
鹿 児 島 県 Kagoshima Pref.	22,648	2.1	…	24.1	0.0	…
沖 縄 県 Okinawa Pref.	6,747	0.6	…	2.9	0.7	…
山 口 県 Yamaguchi Pref.	1,918	0.2	1.2	0.0	…	0.2

注）九州8県の全国シェアのうち、斜体は
　　各県の秘匿値を含まない合計値

国税庁「国税庁統計年報」

主要食料品・飲料工場地図
Map of Major Food & Beverages Factories

ふくや 博多の食と文化の博物館ハクハク(福岡市東区)
ダイショー 福岡本社・工場(福岡市東区)
ダイショー 福岡第二工場(福岡市東区)
日本製粉
福岡工場福岡技術センター(福岡市東区)
日本製粉 福岡那の津工場(福岡市中央区)
三井製糖 福岡工場(福岡市東区)

コカ・コーラ ボトラーズジャパン
基山工場(佐賀県基山町)
JA全農ミートフーズ
九州基山パックセンター(佐賀県基山町)
イニシオフーズ九州工場(佐賀県基山町)

あじかん 鳥栖工場(鳥栖市)
キユーピー 鳥栖工場(鳥栖市)
コカ・コーラ ボトラーズジャパン 鳥栖工場(鳥栖市)
東洋新薬 インテリジェンスパーク(鳥栖市)
東洋新薬 鳥栖工場(鳥栖市)

トリゼンフーズ 糸島工場(糸島市)

不二家 吉野ヶ里工場(佐賀県吉野ヶ里町)
リンガーハット 佐賀工場(佐賀県吉野ヶ里町)

グルメデリカ 九州工場(佐賀県みやき町)

リョーユーパン 唐津工場(唐津市)
リョーユーパン 唐津FD工場(唐津市)
宮島醤油 本社工場(唐津市)
宮島醤油 妙見工場(唐津市)

リョーユーパン 佐賀工場(神埼市)
ヤクルト本社 佐賀工場(神埼市)

トリゼンフーズ 佐賀工場(多久市)

味の素冷凍食品 九州工場(佐賀市)

フランソア 佐世保工場(佐世保市)
日本フードパッカー 川棚工場(長崎県川棚町)

ニチレイフーズ 長崎工場(大村市)

日本フードパッカー 諫早工場(諫早市)
フランソア 長崎工場(諫早市)
デリカフーズ長崎(諫早市)

宝酒造 島原工場(島原市)

マルイ食品
出水GPセンター(出水市)
野田工場(出水市)・野田第2工場(出水市)
調味料工場(出水市)・米ノ津工場(出水市)
高尾野工場(出水市)・松尾工場(出水市)

スターゼンミートプロセッサー 阿久根工場(阿久根市)
スターゼンミートプロセッサー 阿久根工場加工センター(阿久根市)

アクシーズ 鹿児島工場(鹿児島県さつま町)
アクシーズ 宮之城工場(鹿児島県さつま町)
アクシーズ 宮之城第2工場(鹿児島県さつま町)

アクシーズ 薩摩工場(鹿児島県さつま町)

プリマハム 鹿児島工場(いちき串木野市)

鹿児島くみあいチキンフーズ 川内食品工場(薩摩川内市)

セイカ食品 日置工場(日置市)

スターゼンミートプロセッサー
加世田工場(南さつま市)

セイカ食品 唐湊工場(鹿児島市)
イケダパン 鹿児島アイデリカ工場(鹿児島市)
カルビー 鹿児島工場(鹿児島市)

ニューイングベーカリー九州 福岡本社工場(福岡県新宮町)

キューレイ(宗像市)
デリカフーズ 九州事業所 カット野菜工場(宗像市)

ハウス食品 福岡工場(古賀市)
ピエトロ 古賀第一工場(古賀市)
ピエトロ 古賀第二工場(古賀市)
ピエトロ 古賀第三工場(古賀市)
山崎製パン 福岡工場(古賀市)

アサヒビール 博多工場(福岡市博多区)
雪印メグミルク 福岡工場(福岡市南区)

ダイショー 九州工場(福岡県久山町)

やまやコミュニケーションズ 本社工場(篠栗町)

リョーユーパン 福岡工場(大野城市)

J-オイルミルズ 若松工場(北九州市若松区)

JA全農ミートフーズ 太宰府パックセンター(太宰府市)

一番食品
本社工場(飯塚市)・液体工場(飯塚市)・粉体工場(飯塚市)
西工場(飯塚市)・A-one工場(飯塚市)

福岡ヤクルト工場(筑紫野市)

キリンビール 福岡工場(朝倉市)

フランソア 久留米工場(久留米市)

明治 九州工場(八女市)
ロッテ 九州工場(筑後市)
ヒライ 福岡工場(筑後市)

サッポロビール 九州日田工場(日田市)

フンドーキン醤油 本社工場(臼杵市)
フンドーキン醤油 ドレッシング工場(臼杵市)

ヤヨイサンフーズ 九州工場(大牟田市)

フランソア 七城工場(菊池市)

リョーユーパン 熊本工場(熊本市北区)
東洋新薬 熊本工場(熊本県大津町)

ニューイングベーカリー九州 熊本工場(熊本市北区)

湖池屋 九州阿蘇工場(熊本県益城町)

サントリービール サントリー九州熊本工場(熊本県嘉島町)

コカ・コーラ ボトラーズジャパン熊本工場(熊本市南区)

ヒライ 熊本工場(熊本市西区)

山崎製パン 熊本工場(宇城市)

ヒライ 八代工場(八代市)
児湯食鳥 八代工場(八代市)

マルイ食品 しらぬい工場(水俣市)

ミヤチク 都農工場(宮崎県都農町)

児湯食鳥 本社工場(宮崎県川南町)
宮崎くみあいチキンフーズ
川南食品工場(宮崎県川南町)

宝酒造 黒壁蔵(宮崎県高鍋町)

ウェルファムフーズ 加工工場
鶏肉事業本部 宮崎加工部(宮崎市)
マスコ インキュベーターキッチン(宮崎市)

イケダパン 宮崎アイデリカ工場(宮崎市)

ミヤチク 高崎工場(都城市)
児湯食鳥 高崎工場(都城市)
宮崎くみあいチキンフーズ
都城食品工場(都城市)

霧島酒造
本社工場(都城市)・本社増設工場(都城市)
志比田工場(都城市)・志比田増設工場(都城市)
志比田第二増設工場(都城市)

児湯食鳥 都城工場(都城市)

コカ・コーラ ボトラーズジャパン えびの工場(えびの市)

鹿児島くみあいチキンフーズ 大隅食品工場(曽於市)

マルイ食品 大口工場(伊佐市)

ウェルファムフーズ ブロイラー工場 霧島事業所(霧島市)

鹿児島くみあいチキンフーズ 加工食品工場(鹿屋市)

イケダパン 重富工場(姶良市)

アクシーズ 宮之浦工場(鹿児島市)
アクシーズ 川上工場(鹿児島市)

市町村別食料品・
飲料・たばこ・飼料
製造業事業所数(2016)

463
100
10

注) 九州に本社をもつ従業者数500人以上の企業あるいは
九州外に本社をもつ従業者数1,000人以上の企業の工場の名称を表示
東京商工リサーチ資料、各社ウェブサイト、
総務省・経済産業省「平成28年経済センサス-活動調査」

酒蔵地図
Map of Alcoholic Brewery & Distillery

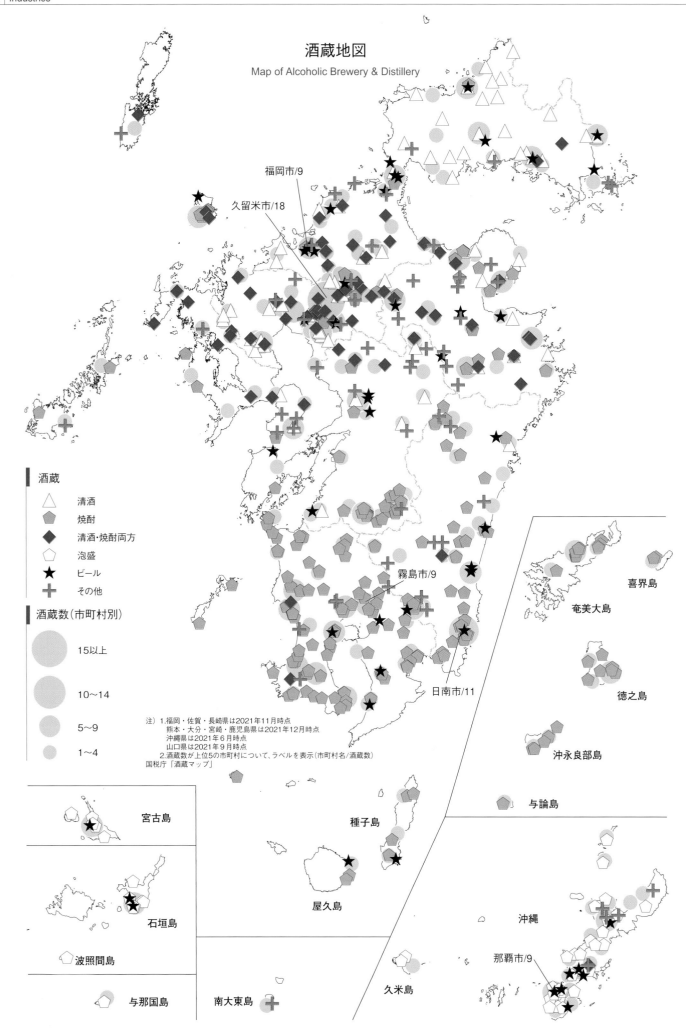

福岡市/9

久留米市/18

霧島市/9

日南市/11

那覇市/9

酒蔵
△ 清酒
⬠ 焼酎
◆ 清酒・焼酎両方
⬠ 泡盛
★ ビール
✛ その他

酒蔵数（市町村別）
15以上
10〜14
5〜9
1〜4

注）1.福岡・佐賀・長崎県は2021年11月時点
　　　熊本・大分・宮崎・鹿児島県は2021年12月時点
　　　沖縄県は2021年6月時点
　　　山口県は2021年9月時点
　　2.酒蔵数が上位5の市町村について、ラベルを表示（市町村名/酒蔵数）
国税庁「酒蔵マップ」

喜界島
奄美大島
徳之島
沖永良部島
与論島

宮古島
石垣島
波照間島
与那国島
南大東島

種子島
屋久島
久米島

沖縄

第5章　産業（4）製造業〜自動車・半導体
C.5 Industries (4) Manufacturing 〜 Automobiles & Semiconductors

■国内の自動車主要生産基地となった九州

　九州は、日産自動車九州、日産車体九州、トヨタ自動車九州、ダイハツ九州の4社の完成車工場が立地し、154万台の生産能力（山口県を含めると195.6万台）を有する「カーアイランド」である。2015年以降、北米向けSUV生産の移管や新車投入効果、中国への輸出増加などから生産台数は5年連続で増加し、全国シェアも上昇してきた。しかし2020年から2022年にかけて、コロナ禍によるサプライチェーン混乱や半導体不足の影響から生産台数は減少し、直近では114.7万台にとどまった。

自動車生産台数の推移〈九州7県〉
Production of Automobile 〈Kyushu's 7 Pref.〉

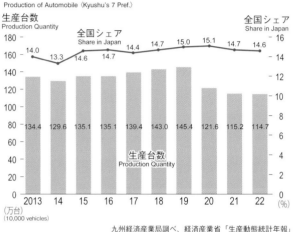

九州経済産業局調べ、経済産業省「生産動態統計年報」

九州・山口の自動車工場一覧
List of Automobile Factories in Kyushu-Yamaguchi

会社名（工場名） Company (Factory)	所在地 Location	生産開始年月 Production Start Year/Month	生産能力 Production Capacity	敷地面積 Site Area
日産自動車九州	福岡県 苅田町	1976年12月	53万台／年	約236ha （日産車体九州含む）
トヨタ自動車九州 （宮田工場）	福岡県 宮若市	1992年12月	43万台／年	約113ha
ダイハツ九州 （大分（中津）工場）	大分県 中津市	2004年11月	46万台／年	約130ha
日産車体九州	福岡県 苅田町	2009年12月	12万台／年	約17ha
マツダ （防府工場）	山口県 防府市	1982年9月	41.6万台／年	約79ha

北部九州自動車産業アジア先進拠点プロジェクト、各社ウェブサイトより

■シリコンアイランド九州の生産・輸出は再び拡大傾向

　1960年代以降、九州には半導体工場が集積し「シリコンアイランド」と呼ばれ、ピークの2000年には1.4兆円の集積回路生産額を誇った。その後、国際競争の激化や海外への生産移管、拠点の再編・撤退によって生産規模は縮小したものの、近年ではスマートフォン需要の拡大と連動して、イメージセンサーの生産・輸出が拡大し、関連の設備投資も進んでいる。また製造装置や部材等の関連産業が多数立地しており、特に近年は製造装置の輸出が存在感を増している。また、TSMC（台湾積体電路製造）の子会社でありソニーセミコンダクタソリューションズとデンソーが少数株主として参画するJASMが熊本県菊陽町に設立され、2024年12月の操業開始を目指している。

集積回路生産金額の推移〈九州7県〉
Production of Integrated Circuits 〈Kyushu's 7 Pref.〉

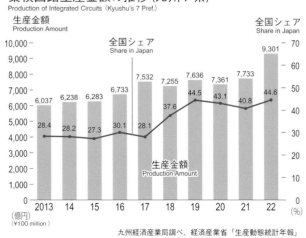

九州経済産業局調べ、経済産業省「生産動態統計年報」

半導体関連輸出額の推移〈九州・山口〉
Exports of Semiconductor Related Product 〈Kyushu-Yamaguchi〉

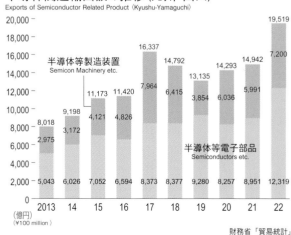

財務省「貿易統計」

主要自動車関連事業所地図

Map of Major Automobile-related Factories

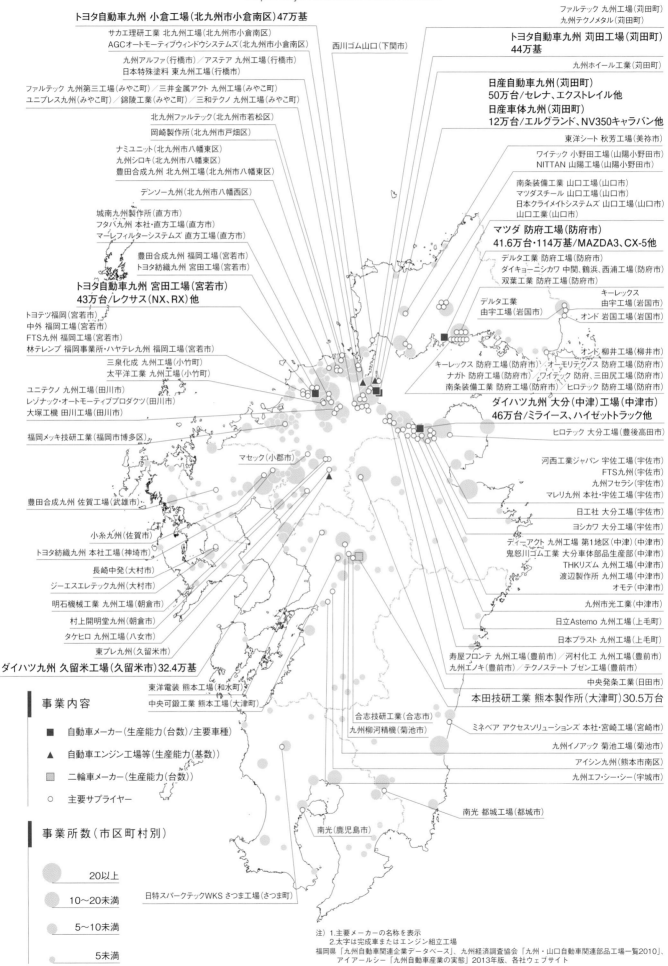

トヨタ自動車九州 小倉工場(北九州市小倉南区)47万基

サカエ理研工業 北九州工場(北九州市小倉南区)
AGCオートモーティブウィンドウシステムズ(北九州市小倉南区)

九州アルファ(行橋市)／アステア 九州工場(行橋市)
日本特殊塗料 東九州工場(行橋市)

ファルテック 九州第三工場(みやこ町)／三井金属アクト 九州工場(みやこ町)
ユニプレス九州(みやこ町)／錦陵工業(みやこ町)／三和テクノ 九州工場(みやこ町)

北九州ファルテック(北九州市若松区)

岡崎製作所(北九州市戸畑区)

ナミユニット(北九州市八幡東区)
九州シロキ(北九州市八幡東区)
豊田合成九州 北九州工場(北九州市八幡東区)

デンソー九州(北九州市八幡西区)

城南九州製作所(直方市)
フタバ九州 本社・直方工場(直方市)
マーレフィルターシステムズ 直方工場(直方市)

豊田合成九州 福岡工場(宮若市)
トヨタ紡織九州 宮田工場(宮若市)

トヨタ自動車九州 宮田工場(宮若市)
43万台／レクサス(NX、RX)他

トヨテツ福岡(宮若市)
中外 福岡工場(宮若市)
FTS九州 福岡工場(宮若市)
林テレンプ 福岡事業所・ハヤテレ九州 福岡工場(宮若市)

三泉化成 九州工場(小竹町)
太平洋工業 九州工場(小竹町)

ユニテクノ 九州工場(田川市)
レゾナック・オートモーティブプロダクツ(田川市)
大塚工機 田川工場(田川市)

福岡メッキ技研工業(福岡市博多区)

マセック(小郡市)

豊田合成九州 佐賀工場(武雄市)

小糸九州(佐賀市)

トヨタ紡織九州 本社工場(神埼市)

長崎中発(大村市)

ジーエスエレテック九州(大村市)

明石機械工業 九州工場(朝倉市)

村上開明堂九州(朝倉市)

タケヒロ 九州工場(八女市)

東プレ九州(久留米市)

ダイハツ九州 久留米工場(久留米市)32.4万基

東洋電装 熊本工場(和水町)

中央可鍛工業 熊本工場(大津町)

合志技研工業(合志市)
九州柳河精機(菊池市)

ファルテック 九州工場(苅田町)
九州テクノメタル(苅田町)

トヨタ自動車九州 苅田工場(苅田町)
44万基

九州ホイール工業(苅田町)

日産自動車九州(苅田町)
50万台／セレナ、エクストレイル他
日産車体九州(苅田町)
12万台／エルグランド、NV350キャラバン他

東洋シート 秋芳工場(美祢市)

ワイテック 小野田工場(山陽小野田市)
NITTAN 山陽工場(山陽小野田市)

南条装備工業 山口工場(山口市)
マツダスチール 山口工場(山口市)
日本クライメイトシステムズ 山口工場(山口市)
山口工場(山口市)

マツダ 防府工場(防府市)
41.6万台・114万基／MAZDA3、CX-5他

デルタ工業 防府工場(防府市)
ダイキョーニシカワ 中関、鶴浜、西浦工場(防府市)
双葉工業 防府工場(防府市)

キーレックス
由宇工場(岩国市)

デルタ工業
由宇工場(岩国市)

オンド 岩国工場(岩国市)

オンド 柳井工場(柳井市)

キーレックス 防府工場(防府市)／オーモリテクノス 防府工場(防府市)
ナガト 防府工場(防府市)／ワイテック 防府、三田尻工場(防府市)
南条装備工業 防府工場(防府市)／ヒロテック 防府工場(防府市)

ダイハツ九州 大分(中津)工場(中津市)
46万台／ミライース、ハイゼットトラック他

ヒロテック 大分工場(豊後高田市)

河西工業ジャパン 宇佐工場(宇佐市)
FTS九州(宇佐市)
九州フセラシ(宇佐市)
マレリ九州 本社・宇佐工場(宇佐市)

日工社 大分工場(宇佐市)

ヨシカワ 大分工場(宇佐市)

ディーアクト 九州工場 第1地区(中津)(中津市)
鬼怒川ゴム工業 大分車体部品生産部(中津市)
THKリズム 九州工場(中津市)
渡辺製作所 九州工場(中津市)
オモテ(中津市)

九州市光工業(中津市)

日立Astemo 九州工場(上毛町)

日本プラスト 九州工場(上毛町)

寿屋フロンテ 九州工場(豊前市)／河村化工 九州工場(豊前市)
九州エノキ(豊前市)／テクノステート ブゼン工場(豊前市)

中央発条工業(日田市)

本田技研工業 熊本製作所(大津町)30.5万台

ミネベア アクセスソリューションズ 本社・宮崎工場(宮崎市)

九州イノアック 菊池工場(菊池市)

アイシン九州(熊本市南区)

九州エフ・シー・シー(宇城市)

南光 都城工場(都城市)

南光(鹿児島市)

日特スパークテックWKS さつま工場(さつま町)

西川ゴム山口(下関市)

事業内容

■ 自動車メーカー(生産能力(台数)／主要車種)

▲ 自動車エンジン工場等(生産能力(基数))

▨ 二輪車メーカー(生産能力(台数))

○ 主要サプライヤー

事業所数(市区町村別)

⬤ 20以上

⬤ 10～20未満

⬤ 5～10未満

⬤ 5未満

注) 1.主要メーカーの名称を表示
2.太字は完成車またはエンジン組立工場
福岡県「九州自動車関連企業データベース」、九州経済調査協会「九州・山口自動車関連部品工場一覧2010」、
アイアールシー「九州自動車産業の実態」2013年版、各社ウェブサイト

主要エレクトロニクス関連製品・電子デバイス事業所地図

Map of Major Electronics-related Factories (Electric Appliance & Electronic Device)

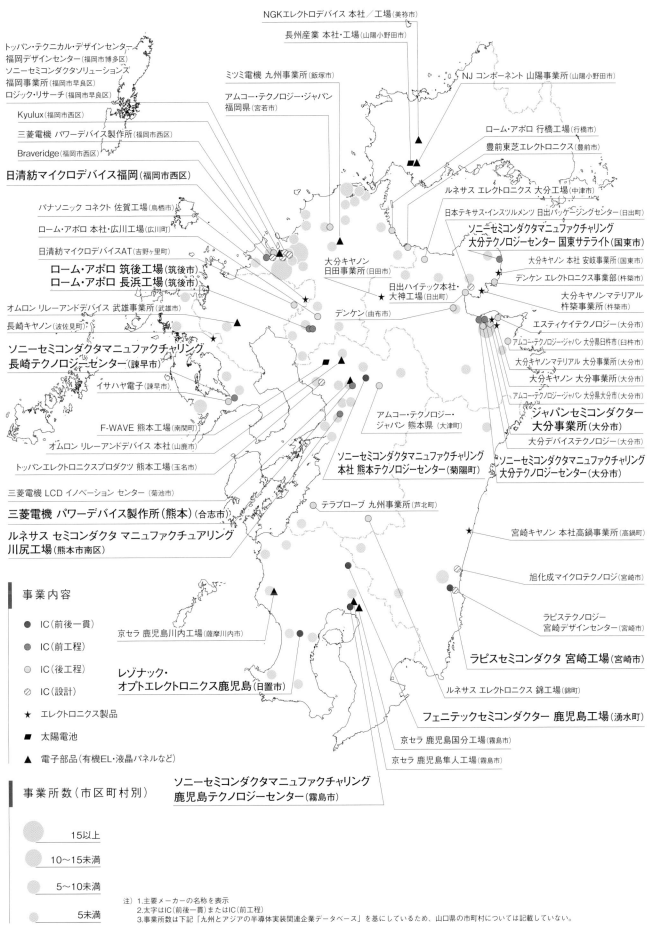

NGKエレクトロデバイス 本社／工場(美祢市)

長州産業 本社・工場(山陽小野田市)

NJ コンポーネント 山陽事業所(山陽小野田市)

トッパン・テクニカル・デザインセンター
福岡デザインセンター(福岡市博多区)
ソニーセミコンダクタソリューションズ
福岡事業所(福岡市早良区)
ロジック・リサーチ(福岡市早良区)

ミツミ電機 九州事業所(飯塚市)

アムコー・テクノロジー・ジャパン
福岡県(宮若市)

ローム・アポロ 行橋工場(行橋市)

豊前東芝エレクトロニクス(豊前市)

Kyulux(福岡市西区)

三菱電機 パワーデバイス製作所(福岡市西区)

Braveridge(福岡市西区)

ルネサス エレクトロニクス 大分工場(中津市)

日清紡マイクロデバイス福岡(福岡市西区)

日本テキサス・インスツルメンツ 日出パッケージングセンター(日出町)

パナソニック コネクト 佐賀工場(鳥栖市)

ソニーセミコンダクタマニュファクチャリング
大分テクノロジーセンター 国東サテライト(国東市)

ローム・アポロ 本社・広川工場(広川町)

大分キヤノン 本社 安岐事業所(国東市)

日清紡マイクロデバイスAT(吉野ヶ里町)

大分キヤノン
日田事業所(日田市)

デンケン エレクトロニクス事業部(杵築市)

ローム・アポロ 筑後工場(筑後市)
ローム・アポロ 長浜工場(筑後市)

大分キヤノンマテリアル
杵築事業所(杵築市)

オムロン リレーアンドデバイス 武雄事業所(武雄市)

日出ハイテック本社・
大神工場(日出町)

エスティケイテクノロジー(大分市)

デンケン(由布市)

長崎キヤノン(波佐見町)

アムコー・テクノロジー・ジャパン 大分県臼杵市(臼杵市)

大分キヤノンマテリアル 大分事業所(大分市)

ソニーセミコンダクタマニュファクチャリング
長崎テクノロジーセンター(諫早市)

大分キヤノン 大分事業所(大分市)

イサハヤ電子(諫早市)

アムコー・テクノロジー・ジャパン 大分県大分市(大分市)

アムコー・テクノロジー・
ジャパン 熊本県(大津町)

ジャパンセミコンダクター
大分事業所(大分市)

F-WAVE 熊本工場(南関町)

大分デバイステクノロジー(大分市)

オムロン リレーアンドデバイス 本社(山鹿市)

ソニーセミコンダクタマニュファクチャリング
本社 熊本テクノロジーセンター(菊陽町)

ソニーセミコンダクタマニュファクチャリング
大分テクノロジーセンター(大分市)

トッパンエレクトロニクスプロダクツ 熊本工場(玉名市)

三菱電機 LCD イノベーション センター (菊池市)

テラプローブ 九州事業所(芦北町)

宮崎キヤノン 本社高鍋事業所(高鍋町)

三菱電機 パワーデバイス製作所(熊本)(合志市)

ルネサス セミコンダクタ マニュファクチュアリング
川尻工場(熊本市南区)

旭化成マイクロテクノロジ(宮崎市)

ラピステクノロジー
宮崎デザインセンター(宮崎市)

事業内容

- ● IC(前後一貫)
- ◕ IC(前工程)
- ○ IC(後工程)
- ⊘ IC(設計)
- ★ エレクトロニクス製品
- ◼ 太陽電池
- ▲ 電子部品(有機EL・液晶パネルなど)

京セラ 鹿児島川内工場(薩摩川内市)

ラピスセミコンダクタ 宮崎工場(宮崎市)

レゾナック・
オプトエレクトロニクス鹿児島(日置市)

ルネサス エレクトロニクス 錦工場(錦町)

フェニテックセミコンダクター 鹿児島工場(湧水町)

京セラ 鹿児島国分工場(霧島市)

事業所数 (市区町村別)

- ◯ 15以上
- ◯ 10〜15未満
- ◯ 5〜10未満
- ◯ 5未満

京セラ 鹿児島隼人工場(霧島市)

ソニーセミコンダクタマニュファクチャリング
鹿児島テクノロジーセンター(霧島市)

注) 1.主要メーカーの名称を表示
　　2.太字はIC(前後一貫)またはIC(前工程)
　　3.事業所数は下記「九州とアジアの半導体実装関連企業データベース」を基にしているため、山口県の市町村については記載していない。

MAP2015実行委員会、九州経済調査協会「九州とアジアの半導体実装関連企業データベース」
各社ウェブサイト
2022年7月時点での情報を掲載

主要エレクトロニクス関連装置・材料事業所地図

Map of Major Electronics-related Factories (Equipment & Materials)

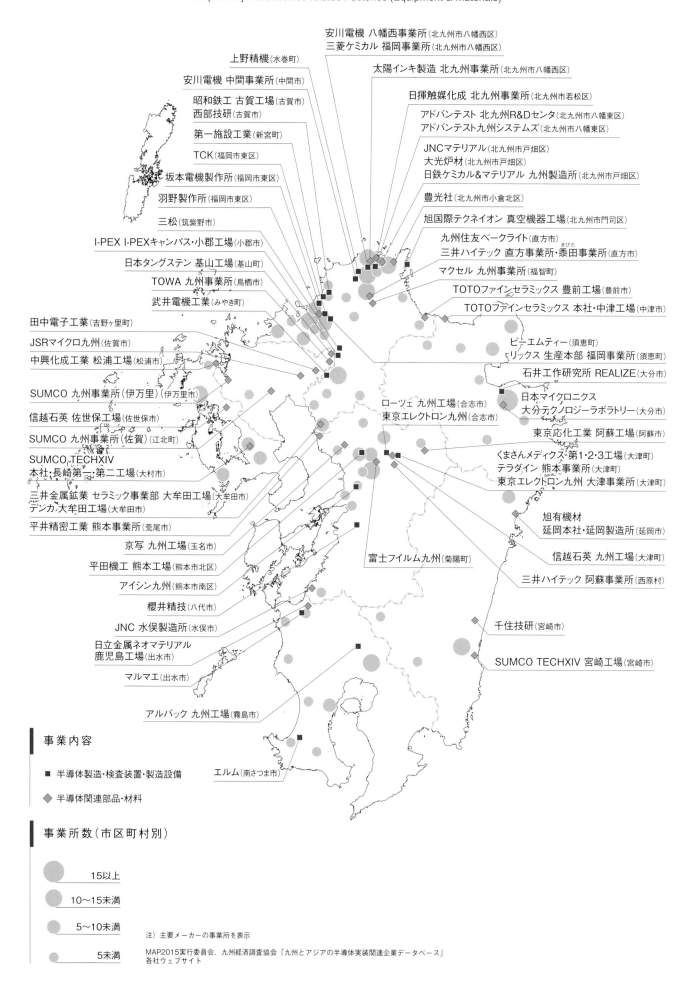

安川電機 八幡西事業所(北九州市八幡西区)
三菱ケミカル 福岡事業所(北九州市八幡西区)
太陽インキ製造 北九州事業所(北九州市八幡西区)
日揮触媒化成 北九州事業所(北九州市若松区)
アドバンテスト 北九州R&Dセンタ(北九州市八幡東区)
アドバンテスト九州システムズ(北九州市八幡東区)
JNCマテリアル(北九州市戸畑区)
大光炉材(北九州市戸畑区)
日鉄ケミカル&マテリアル 九州製造所(北九州市戸畑区)
豊光社(北九州市小倉北区)
旭国際テクネイオン 真空機器工場(北九州市門司区)
九州住友ベークライト(直方市)
三井ハイテック 直方事業所・泰田事業所(直方市)
マクセル 九州事業所(福智町)
TOTOファインセラミックス 豊前工場(豊前市)
TOTOファインセラミックス 本社・中津工場(中津市)
ピーエムティー(須恵町)
リックス 生産本部 福岡事業所(須恵町)
石井工作研究所 REALIZE(大分市)
日本マイクロニクス 大分テクノロジーラボラトリー(大分市)
東京応化工業 阿蘇工場(阿蘇市)
くまさんメディクス・第1・2・3工場(大津町)
テラダイン 熊本事業所(大津町)
東京エレクトロン九州 大津事業所(大津町)
旭有機材 延岡本社・延岡製造所(延岡市)
信越石英 九州工場(大津町)
三井ハイテック 阿蘇事業所(西原村)
千住技研(宮崎市)
SUMCO TECHXIV 宮崎工場(宮崎市)

上野精機(水巻町)
安川電機 中間事業所(中間市)
昭和鉄工 古賀工場(古賀市)
西部技研(古賀市)
第一施設工業(新宮町)
TCK(福岡市東区)
坂本電機製作所(福岡市東区)
羽野製作所(福岡市東区)
三松(筑紫野市)
I-PEX I-PEXキャンパス・小郡工場(小郡市)
日本タングステン 基山工場(基山町)
TOWA 九州事業所(鳥栖市)
武井電機工業(みやき町)
田中電子工業(吉野ヶ里町)
JSRマイクロ九州(佐賀市)
中興化成工業 松浦工場(松浦市)
SUMCO 九州事業所(伊万里)(伊万里市)
信越石英 佐世保工場(佐世保市)
SUMCO 九州事業所(佐賀)(江北町)
SUMCO TECHXIV 本社・長崎第一・第二工場(大村市)
三井金属鉱業 セラミック事業部 大牟田工場(大牟田市)
デンカ大牟田工場(大牟田市)
平井精密工業 熊本事業所(荒尾市)
京写 九州工場(玉名市)
平田機工 熊本工場(熊本市北区)
アイシン九州(熊本市南区)
櫻井精技(八代市)
JNC 水俣製造所(水俣市)
日立金属ネオマテリアル 鹿児島工場(出水市)
マルマエ(出水市)
アルバック 九州工場(霧島市)

ローツェ 九州工場(合志市)
東京エレクトロン九州(合志市)
富士フイルム九州(菊陽町)

事業内容
■ 半導体製造・検査装置・製造設備
◆ 半導体関連部品・材料

事業所数(市区町村別)
15以上
10〜15未満
5〜10未満
5未満

注) 主要メーカーの事業所を表示
MAP2015実行委員会、九州経済調査協会「九州とアジアの半導体実装関連企業データベース」各社ウェブサイト

エルム(南さつま市)

第5章　産業（5）情報通信業

C.5 Industries (5) Information & Communications

■情報・インターネット関連は東京圏に集中

　九州における情報サービス業従業者数（2021年）は6.7万人で全国の5.1％、インターネット附随サービス業従業者数は1.2万人で全国の5.8％である。また、情報・インターネット附随サービス業の売上高（2020年）は1兆654億円で、全国の2.6％である。当産業は三大都市圏、特に東京圏への集中が顕著であり、従業者数（2021年）の66.4％、売上高（2020年）の75.5％を東京圏が占めている。一方、近年では九州の各都市に支社や研究所、サテライトオフィスを設ける例もあるなど、地方分散の動きもある。

情報・インターネット付随サービス業の概況〈九州8県〉(2021)　(単位　事業所、人、%)
Outlook of the Information Services & Services Incidental to Internet Industry (Kyushu's 8 Pref.)(2021)　(establishments, people, %)

	事業所数 Number of Establishments		従業者数 Number of Employees	
		全国シェア Share in Japan		全国シェア Share in Japan
計 Total	4,450	8.5	78,440	5.2
情報サービス業 Information Services	3,691	8.5	66,772	5.1
ソフトウェア業 Computer Programming and Other Software Services	3,043	8.4	54,629	4.8
情報処理・提供サービス業 Data Processing and Information Services	631	9.3	11,710	6.7
インターネット附随サービス業 Services Incidental to Internet	759	8.6	11,668	5.8

総務省・経済産業省「令和3年経済センサス−活動調査」

情報・インターネット附随サービス業の売上高(2020)　(単位　億円、%)
Annual Sales of the Information Services & Services Incidental to Internet Industry (2020)　(¥100 million, %)

	計 Total	情報サービス業 Information Services	インターネット 附随サービス業 Internet Based Services	全国シェア Share in Japan
全　国 Japan	415,518	337,031	78,459	100.0
九州8県 Kyushu's 8 Pref.	10,654	9,002	1,652	2.6
福　岡　県 Fukuoka Pref.	7,723	6,471	1,252	1.9
佐　賀　県 Saga Pref.	279	262	17	0.1
長　崎　県 Nagasaki Pref.	314	307	7	0.1
熊　本　県 Kumamoto Pref.	708	553	155	0.2
大　分　県 Oita Pref.	632	589	43	0.2
宮　崎　県 Miyazaki Pref.	362	319	43	0.1
鹿 児 島 県 Kagoshima Pref.	635	501	134	0.2
沖　縄　県 Okinawa Pref.	1,032	915	117	0.2
山　口　県 Yamaguchi Pref.	368	358	10	0.1

総務省・経済産業省「令和3年経済センサス−活動調査」

■福岡県を中心にコンテンツ関連産業が集積

　九州における通信業、放送業、映像・音声・文字情報制作業の従業者数は3.4万人で、全国の7.3％を占める。情報・インターネット関連と同様に東京圏への集中が顕著であるが、事業所数でみると、放送業では全国の13.5％、通信業では全国の12.5％と比較的立地は多い。一方、九州に本社をおく企業の売上高は6,701億円と、全国の2.0％にとどまる。県別にみると、沖縄県で通信業の売上高が大きい。福岡県で通信業、放送業や映像・音声・文字情報制作業の売上高が大きく、通信業・コンテンツ関連産業の一定の集積がある。

通信業・コンテンツ関連産業の概況〈九州8県〉(2021)　(単位　事業所、人、%)
Outlook of the Communications & Content Industry〈Kyushu's 8 Pref.〉(2021)　(establishments, people, %)

	事業所数 Number of Establishments		従業者数 Number of Employees	
		全国シェア Share in Japan		全国シェア Share in Japan
計 Total	1,943	8.0	33,741	7.3
通信業 Communications	317	12.5	13,349	8.6
放送業 Broadcasting	234	13.5	7,331	11.7
映像・音声・文字情報制作業 Video, Sound, Character Info	1,392	7.0	13,061	5.3
映像情報制作・配給業 Video Info Production and Distribution	463	7.6	4,115	5.1
新聞業 Newspaper Publishers	174	11.4	4,463	9.8
出版業 Publishers, Except Newspapers	239	5.1	1,957	3.2
広告制作業 Commercial Art and Graphic Design	160	6.6	1,083	5.2

総務省・経済産業省「令和3年経済センサス−活動調査」

通信業・コンテンツ関連産業の売上高(本社企業)(2020)　(単位　億円、%)
Annual Sales of the Communications & Content Industry (2020)　(¥100 million, %)

	計 Total	全国シェア Share in Japan	通信業 Communications	放送業 Broadcasting	映像・音声・ 文字情報制作業 Video, Sound, Character Info
全　国 Japan	333,073	100.1	216,506	48,113	68,453
九州8県 Kyushu's 8 Pref.	6,701	2.0	2,174	2,670	1,857
福　岡　県 Fukuoka Pref.	3,059	0.9	1,213	1,097	749
佐　賀　県 Saga Pref.	189	0.1	15	108	66
長　崎　県 Nagasaki Pref.	401	0.1	6	300	95
熊　本　県 Kumamoto Pref.	508	0.2	18	241	249
大　分　県 Oita Pref.	462	0.1	42	286	134
宮　崎　県 Miyazaki Pref.	387	0.1	4	282	102
鹿 児 島 県 Kagoshima Pref.	391	0.1	14	196	181
沖　縄　県 Okinawa Pref.	1,304	0.4	862	159	283
山　口　県 Yamaguchi Pref.	372	0.1	2	304	66

※企業等の本所所在地による集計　　総務省・経済産業省「令和3年経済センサス−活動調査」

第5章　産業（6）卸売・小売業

C.5 Industries (6) Wholesale Trade & Retail Trade

■食料関連の卸売業販売額が多い九州

　九州の卸売業は、事業所数が4.0万事業所、従業者数が35.4万人、2020年の年間販売額は28兆1,488億円である。県別では福岡県が最も多く、九州の年間販売額の58.3%を占めている。業種別では、食料・飲料が4兆7,092億円で最も多く、次いで農畜産物・水産物が3兆6,401億円となっており、食料関連が多い。

卸売業の概況（2021）
Wholesale Trade by Prefecture (2021)

（単位　事業所、人、億円）
(establishments, people, ¥100 million)

	事業所数 Number of Establishments	従業者数 Number of Employees	年間販売額 (2020) Annual Sales
全　国 Japan	348,889	3,856,785	4,016,335
九州8県 Kyushu's 8 Pref.	40,312	354,419	281,488
福岡県 Fukuoka Pref.	17,156	163,589	164,203
佐賀県 Saga Pref.	2,131	17,750	9,796
長崎県 Nagasaki Pref.	3,441	26,484	15,504
熊本県 Kumamoto Pref.	4,432	36,644	24,059
大分県 Oita Pref.	2,871	21,820	12,457
宮崎県 Miyazaki Pref.	2,850	23,292	16,374
鹿児島県 Kagoshima Pref.	4,407	35,172	23,744
沖縄県 Okinawa Pref.	3,024	29,668	15,351
山口県 Yamaguchi Pref.	3,303	25,009	14,565

総務省・経済産業省「令和3年経済センサス-活動調査」

卸売業の業種別年間販売額〈九州8県〉（2020）
Annual Sale of Wholesale Trade by Industry 〈Kyushu's 8 Pref.〉(2020)

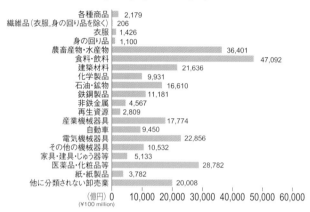

総務省・経済産業省「令和3年経済センサス-活動調査」

■訪問販売・通販、コンビニ・ホームセンターが強い九州の小売業

　九州の小売業は、事業所数が11.6万事業所、従業者数が86.1万人、2020年の年間販売額は14兆7,821億円で全国の10.7%である。販売形態別では、訪問販売の全国シェアが11.6%と高く、インターネット販売は5.7%と比較的低い。業態別では、コンビニエンスストアが1兆3,583億円で最も多く、全国シェアも11.1%と高い。一方、スーパーの全国シェアは7.7%、百貨店は7.9%と低い傾向にある。

小売業の概況（2021）
Retail Trade by Prefecture (2021)

（単位　事業所、人、億円）
(establishments, people, ¥100 million)

	事業所数 Number of Establishments	従業者数 Number of Employees	年間販売額 (2020) Annual Sales
全　国 Japan	880,031	7,540,345	1,381,804
九州8県 Kyushu's 8 Pref.	116,054	861,487	147,821
福岡県 Fukuoka Pref.	37,411	312,832	56,780
佐賀県 Saga Pref.	7,189	49,050	8,290
長崎県 Nagasaki Pref.	12,015	79,337	12,493
熊本県 Kumamoto Pref.	14,402	105,557	18,859
大分県 Oita Pref.	9,735	67,811	11,867
宮崎県 Miyazaki Pref.	9,418	65,274	10,764
鹿児島県 Kagoshima Pref.	14,430	95,425	15,292
沖縄県 Okinawa Pref.	11,454	86,201	13,475
山口県 Yamaguchi Pref.	11,286	87,517	16,485

総務省・経済産業省「令和3年経済センサス-活動調査」

販売形態・業態別の売上高・全国シェア〈九州8県〉
Annual Sales & Share in Japan of Retail Trade by Forms of Selling & Types of Stores 〈Kyushu's 8 Pref.〉

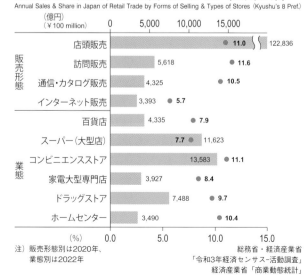

注）販売形態別は2020年、業態別は2022年

総務省・経済産業省「令和3年経済センサス-活動調査」
経済産業省「商業動態統計」

小売業売上高ランキング
Annual Sales Ranking of Retailers

〈九州・山口〉
Kyushu/Yamaguchi

	企業名 Company Name	所在地 Location	業種 Main Business	売上高 Sales Amount
1	ユニクロ	山口市	衣料品	810,261
2	コスモス薬品	福岡市	DgS	755,414
3	トライアルカンパニー＊	福岡市	DS	518,504
4	イオン九州	福岡市	スーパー	484,466
5	トライアルストアーズ＊	福岡市	DS	455,235
6	ダイレックス	佐賀市	DS	288,511
7	ジーユー	山口市	衣料品	246,055
8	サンエー	宜野湾市	スーパー	213,522
9	ナフコ	北九州市	HC	202,259
10	ドラッグストアモリ	朝倉市	DgS	182,256
11	MrMax	福岡市	DS	122,682
12	サンリブ	北九州市	スーパー	113,742
13	タイヨー	鹿児島市	スーパー	107,700
14	丸久	防府市	スーパー	97,565
15	総合メディカル＊	福岡市	調剤薬局	96,957
16	イオン琉球	沖縄県南風原町	スーパー	92,062
17	マルキョウ	大野城市	スーパー	81,702
18	ニシムタ＊	鹿児島市	スーパー	80,900
19	ハローデイ	北九州市	スーパー	74,924
20	南九州ファミリーマート＊	鹿児島市	コンビニ	72,922
21	西鉄ストア	筑紫野市	スーパー	63,804
22	エフコープ	福岡県篠栗町	スーパー	63,662
23	金秀商事	沖縄県西原町	スーパー	60,374
24	三角商事	福岡市	DS	55,900
25	エレナ＊	佐世保市	スーパー	55,535
26	サニックス	福岡市	環境衛生	46,277
27	鶴屋百貨店	熊本市	百貨店	45,476
28	ドラッグイレブン	大野城市	DgS	44,600
29	アプライド	福岡市	家電	38,606
30	グッデイ	福岡市	HC	36,100
31	岩田屋三越	福岡市	百貨店	36,073
32	大三ミート産業＊	田川市	食肉	35,770
33	新日本製薬＊	福岡市	通販	35,172
34	マツモトキヨシ九州販売＊	福岡市	DgS	34,990
35	コープみやざき	宮崎市	生協	34,235
36	野嵩商会	宜野湾市	スーパー	33,030
37	コープかごしま	鹿児島市	生協	32,643
38	タカミヤ	北九州市	釣具	32,019
39	トキハインダストリー	大分市	スーパー	31,319
40	ハンズマン	都城市	HC	30,860
41	ホームインプルーブメントひろせ	大分市	HC	30,729
42	明治屋産業＊	福岡市	食肉	29,735
43	オーリック	鹿児島市	酒類	29,023
44	大賀薬局＊	福岡市	調剤薬局	28,713
45	JR九州リテール	福岡市	コンビニ	28,330
46	マルミヤストア	佐伯市	スーパー	28,209
47	ゆめマート熊本	熊本市	スーパー	25,806
48	ゆめマート北九州	北九州市	スーパー	25,027
49	アレス	熊本市	DS	24,489
50	ララコープ	長崎県長与町	生協	24,224

〈全国・県別〉
Japan/Pref.

(単位 百万円)
(¥ million)

	企業名 Company Name	業種 Main Business	売上高 Sales Amount
全国			
1	セブン&アイ・ホールディングス	コンビニ	11,811,303
2	イオン	スーパー	9,116,823
3	アマゾンジャパン	通販	3,205,146
4	ファーストリテイリング	衣料品	2,301,122
5	パン・パシフィック・インターナショナルホールディングス	DS	1,831,280
福岡県			
1	コスモス薬品	DgS	755,414
2	トライアルカンパニー＊	DS	518,504
3	イオン九州	スーパー	484,466
4	トライアルストアーズ＊	DS	455,235
5	ナフコ	HC	202,259
佐賀県			
1	ダイレックス	DS	288,511
2	スーパーモリナガ	スーパー	16,870
3	ミズ＊	調剤薬局	12,033
4	佐賀玉屋	百貨店	4,637
5	…		…
長崎県			
1	エレナ＊	スーパー	55,535
2	ララコープ	生協	24,224
3	丸髙商事＊	スーパー	17,335
4	浜屋百貨店	百貨店	10,334
5	…		…
熊本県			
1	鶴屋百貨店	百貨店	45,476
2	ゆめマート熊本	スーパー	25,806
3	アレス	DS	24,489
4	生協くまもと	生協	15,526
5	マルエイ	スーパー	10,292
大分県			
1	トキハインダストリー	スーパー	31,319
2	ホームインプルーブメントひろせ	HC	30,729
3	マルミヤストア	スーパー	28,209
4	コープおおいた	生協	19,534
5	トキハ	百貨店	17,174
宮崎県			
1	コープみやざき	生協	34,235
2	ハンズマン	HC	30,860
3	エーコープみやざき	スーパー	17,530
4	マルイチ	スーパー	13,991
5	宮崎山形屋	百貨店	10,881
鹿児島県			
1	タイヨー	スーパー	107,700
2	ニシムタ＊	スーパー	80,900
3	南九州ファミリーマート＊	コンビニ	72,922
4	コープかごしま	生協	32,643
5	オーリック	酒類	29,023
沖縄県			
1	サンエー	スーパー	213,522
2	イオン琉球	スーパー	92,062
3	金秀商事	スーパー	60,374
4	野嵩商会	スーパー	33,030
5	コープおきなわ	生協	22,388
山口県			
1	ユニクロ	衣料品	810,261
2	ジーユー	衣料品	246,055
3	丸久	スーパー	97,565
4	コープやまぐち	生協	23,931
5	山口井筒屋	百貨店	6,354

注) 1.2022年度（22年5月から23年4月までに迎えた決算）の財務データをもとに作成
　※＊印は2022年1月から12月に迎えた決算の財務データ
　2.ガソリンスタンド、メーカー系自動車販売店等の一部の業種を除いたランキング　3.全国ランキングを除き、持ち株会社は含めない
　4.HC…ホームセンター、DS…ディスカウントストア、DgS…ドラッグストア　5.ユニクロおよびジーユーは、IFRS（国際財務報告基準）
　6.決算期変更で決算月数が12ヶ月に満たない場合は、ランキングから除外　7.アマゾンジャパンの売上高は年平均の為替レートで換算

東京商工リサーチ「九州・沖縄100億円企業ランキング」「TSR情報 九州版」
日経MJ「小売業調査」、各社決算資料

主要大型小売店地図
Map of Large Scale Retail Stores

イオンモール福津(福津市)61,000㎡
ゆめタウン博多(福岡市東区)48,542㎡
JR博多シティ(福岡市博多区)82,200㎡
KITTE博多(福岡市博多区)64,297㎡
博多阪急(福岡市博多区)41,835㎡
三井ショッピングパーク ららぽーと福岡(福岡市博多区)73,100㎡
イオンショッパーズ福岡店、ミーナ天神(福岡市中央区)42,326㎡
キャナルシティ博多(福岡市博多区)71,487㎡
福岡パルコ(福岡市中央区)42,200㎡
MARK IS 福岡ももち(福岡市中央区)48,000㎡
マリノアシティ福岡(福岡市西区)43,260㎡
福岡三越(福岡市中央区)38,031㎡
博多大丸福岡天神店(福岡市中央区)44,192㎡,
岩田屋本店(福岡市中央区)50,628㎡
イオンモール佐賀大和(佐賀市)41,053㎡
ゆめタウン佐賀(佐賀市)58,016㎡
佐賀玉屋(佐賀市)17,273㎡
モラージュ佐賀(佐賀市)52,800㎡

浜屋百貨店(長崎市)17,557㎡

THE OUTLETS KITAKYUSHU(北九州市八幡東区)48,000㎡
イオンモール八幡東(北九州市八幡東区)48,000㎡
シーモール下関(下関市)59,600㎡
大丸下関店(下関市)23,912㎡
山口井筒屋(山口市)20,229㎡
セントシティ(北九州市小倉北区)47,235㎡
井筒屋本店(北九州市小倉北区)48,973㎡
イオンモール直方(直方市)58,000㎡
イオンモール三光(中津市)42,500㎡
トリアス(福岡県久山町)65,774㎡
イオンモール福岡(福岡県粕屋町)90,000㎡
イオンモール筑紫野(筑紫野市)80,000㎡
ゆめタウン久留米(久留米市)49,966㎡
イオンモール大牟田(大牟田市)61,000㎡

トキハ別府店(別府市)29,728㎡
トキハ本店(大分市)42,564㎡
パークプレイス大分(大分市)117,437㎡
トキハわさだタウン(大分市)65,567㎡

ゆめタウン光の森(熊本県菊陽町)47,354㎡
鶴屋百貨店(熊本市中央区)68,022㎡
ゆめタウンはません(熊本市南区)44,264㎡
イオンモール熊本(熊本県嘉島町)84,000㎡
アミュプラザくまもと(熊本市西区)49,200㎡
イオンモール宇城(宇城市)63,000㎡

宮崎山形屋(宮崎市)20,339㎡
イオンモール宮崎(宮崎市)84,000㎡

きりしま国分山形屋(霧島市)10,080㎡

イオンタウン姶良(姶良市)55,100㎡
山形屋(鹿児島市)33,743㎡
イオンモール鹿児島(鹿児島市)78,000㎡

サンエー浦添西海岸パルコシティ(浦添市)60,000㎡
イーアス沖縄豊崎(豊見城市)47,600㎡
イオンモール沖縄ライカム(沖縄県北中城村)86,000㎡
リウボウ(那覇市)15,197㎡

百貨店（店舗面積）
■ 50,000㎡以上
■ 30,000～50,000㎡未満
■ 10,000～30,000㎡未満

ショッピングセンター・その他（店舗面積）
● 50,000㎡以上
● 30,000～50,000㎡未満
· 10,000～30,000㎡未満

注） 1. 店舗面積10,000㎡以上の大型小売店を表示
2. 百貨店および40,000㎡を超えるショッピングセンターについては店舗名称等も併せて表示
3. 2023年8月時点
東洋経済新報社「全国大型小売店総覧2024」、株式会社ストアーズ社「百貨店調査年鑑2022年度版」、
日本ショッピングセンター協会ウェブサイト、各社ウェブサイト、経済産業省・各自治体ウェブサイト

主要大型小売店一覧
List of Major Large Scale Retail Stores

区分	名称 Store Name	所在地 Location	店舗面積(㎡) Store Size	開店年月 Startup Year/Month
百貨店	井筒屋本店	北九州市小倉北区	48,973	1936年10月
	博多阪急	福岡市博多区	41,835	2011年 3月
	岩田屋本店	福岡市中央区	50,628	1936年10月
	博多大丸福岡天神店	福岡市中央区	44,192	1975年
	福岡三越	福岡市中央区	38,031	1997年10月
	岩田屋久留米店	久留米市	6,808	1972年 5月
	佐賀玉屋	佐賀市	17,273	1965年
	浜屋百貨店	長崎市	17,557	1939年12月
	佐世保玉屋	佐世保市	8,544	1918年10月
	鶴屋百貨店	熊本市中央区	68,022	1952年 6月
	トキハ本店	大分市	42,564	1936年 4月
	トキハ別府店	別府市	29,728	1988年10月
	宮崎山形屋	宮崎市	20,339	1956年
	日南山形屋	日南市	4,490	1960年 7月
	山形屋	鹿児島市	33,743	1917年 6月
	川内山形屋	薩摩川内市	5,767	1958年11月
	きりしま国分山形屋	霧島市	10,080	2006年
	リウボウ	那覇市	15,197	1991年
	大丸下関店	下関市	23,912	1950年11月
	山口井筒屋	山口市	20,229	2008年10月
ショッピングセンター	イオン若松ショッピングセンター	北九州市若松区	29,886	2002年10月
	イオン戸畑ショッピングセンター	北九州市戸畑区	33,573	1999年 3月
	セントシティ	北九州市小倉北区	47,235	2004年 2月
	リバーウォーク北九州	北九州市小倉北区	28,492	2003年 4月
	チャチャタウン小倉	北九州市小倉北区	22,163	2000年11月
	サンリブシティ小倉	北九州市小倉南区	33,000	2005年 4月
	サニーサイドモール小倉	北九州市小倉南区	27,400	1995年 4月
	THE OUTLETS KITAKYUSHU	北九州市八幡東区	48,000	2022年 4月
	イオンモール八幡東	北九州市八幡東区	48,000	2006年11月
	イオンタウン黒崎	北九州市八幡西区	24,000	2014年 9月
	ゆめタウン博多	福岡市東区	48,542	2000年 6月
	イオンモール香椎浜	福岡市東区	38,095	2003年11月
	JR博多シティ＊	福岡市博多区	82,200	2011年 3月
	三井ショッピングパークららぽーと福岡	福岡市博多区	73,100	2022年 4月
	キャナルシティ博多	福岡市博多区	71,487	1996年 4月
	KITTE博多	福岡市博多区	64,297	2016年 4月
	博多リバレインモール by TAKASHIMAYA	福岡市博多区	30,800	1999年 3月
	ヨドバシ博多	福岡市博多区	23,019	2002年11月
	博多バスターミナル	福岡市博多区	21,581	1965年 8月
	MARK IS 福岡ももち	福岡市中央区	48,000	2018年11月
	イオンショッパーズ福岡店、ミーナ天神	福岡市中央区	42,326	1971年 6月
	福岡パルコ	福岡市中央区	42,200	2010年 3月
	イオンスタイル笹丘	福岡市中央区	21,082	1994年 6月
	ソラリアプラザ	福岡市中央区	20,194	1989年 3月
	マリノアシティ福岡	福岡市西区	43,260	2000年10月
	イオンモール福岡伊都	福岡市西区	29,840	2006年 4月
	イオンマリナタウン店	福岡市西区	22,611	2000年 3月
	木の葉モール橋本	福岡市西区	22,000	2011年 4月
	イオンモール大牟田	大牟田市	61,000	2011年 3月
	ゆめタウン大牟田	大牟田市	35,848	2001年10月
	ゆめタウン久留米	久留米市	49,966	2003年 9月
	イオンモール直方	直方市	58,000	2005年 4月
	ゆめタウン飯塚	飯塚市	30,500	2023年 7月
	イオン穂波ショッピングセンター	飯塚市	28,040	1994年10月
	プラザモールなかま	中間市	27,471	2022年 4月
	イオン小郡ショッピングセンター	小郡市	29,603	2013年11月
	イオンモール筑紫野	筑紫野市	80,000	2008年12月
	筑紫野ベレッサ	筑紫野市	33,000	2007年10月
	ゆめタウン筑紫野	筑紫野市	31,000	1996年 3月
	シュロアモール筑紫野	筑紫野市	22,910	2007年 7月
	アクロスモール春日	春日市	20,107	1994年 9月
	イオン大野城ショッピングセンター	大野城市	22,962	1977年 9月
	くりえいと宗像(サンリブ、サウスゾーン)	宗像市	24,744	2000年11月
	イオンモール福津	福津市	61,000	2012年 4月
	イオン糸島ショッピングセンター	糸島市	20,133	2006年12月
	イオン福岡東ショッピングセンター	福岡県志免町	22,770	2000年 4月
	トリアス	福岡県久山町	65,774	1999年 4月
	イオンモール福岡	福岡県粕屋町	90,000	2004年 6月

区分	名称 Store Name	所在地 Location	店舗面積(㎡) Store Size	開店年月 Startup Year/Month
ショッピングセンター	ゆめタウン佐賀	佐賀市	58,016	2006年12月
	モラージュ佐賀	佐賀市	52,800	2003年 3月
	イオンモール佐賀大和	佐賀市	41,053	2000年 9月
	イオン唐津ショッピングセンター	唐津市	20,232	1999年 9月
	鳥栖プレミアム・アウトレット	鳥栖市	31,800	2004年 3月
	フレスポ鳥栖	鳥栖市	28,537	1997年10月
	ゆめタウン武雄	武雄市	21,700	1998年 4月
	みらい長崎ココウォーク	長崎市	27,446	2008年10月
	ゆめタウン夢彩都	長崎市	26,000	2000年 4月
	アミュプラザ長崎	長崎市	23,300	2000年 9月
	イオン大塔ショッピングセンター	佐世保市	29,696	1997年10月
	させぼ五番街	佐世保市	22,000	2013年11月
	イオン大村ショッピングセンター	大村市	22,489	1995年 4月
	SAKURA MACHI Kumamoto	熊本市中央区	28,000	2019年 9月
	ゆめタウンサンピアン	熊本市東区	24,839	1996年 6月
	アミュプラザくまもと	熊本市西区	49,200	2021年 4月
	ゆめタウンはません	熊本市南区	44,264	1998年 2月
	ゆめタウン八代	八代市	30,760	2005年 6月
	イオン八代ショッピングセンター	八代市	27,637	2004年11月
	ゆめタウンシティモール	荒尾市	27,810	1997年 4月
	宇土シティモール	宇土市	29,136	1995年11月
	イオンモール宇城	宇城市	63,000	1997年11月
	ゆめタウン光の森	熊本県菊陽町	47,354	2004年 6月
	サンリーカリーノ菊陽	熊本県菊陽町	20,000	2021年 3月
	イオンモール熊本	熊本県嘉島町	84,000	2005年10月
	サンロードシティSC	熊本県錦町	30,026	1993年 5月
	パークプレイス大分	大分市	117,437	2002年 4月
	トキハわさだタウン	大分市	65,567	2000年12月
	アミュプラザおおいた	大分市	36,000	2015年 4月
	あけのアクロスタウン	大分市	27,708	1971年10月
	ゆめタウン別府	別府市	21,000	2007年11月
	イオンモール三光	中津市	42,500	1996年12月
	ゆめタウン中津	中津市	26,570	1998年 5月
	コスモタウンフリーモール佐伯	佐伯市	20,005	2006年11月
	イオンモール宮崎	宮崎市	84,000	2005年 5月
	宮交シティ	宮崎市	32,000	1973年11月
	ニトリモール宮崎	宮崎市	20,700	2015年 4月
	イオン都城ショッピングセンター	都城市	28,834	2003年 4月
	イオンモール都城駅前	都城市	28,000	2008年12月
	イオン延岡ショッピングセンター	延岡市	25,611	1996年 4月
	イオンタウン日向	日向市	20,850	2000年10月
	イオンモール鹿児島	鹿児島市	78,000	2007年10月
	アミュプラザ鹿児島	鹿児島市	38,000	2004年 9月
	フレスポジャングルパーク	鹿児島市	25,545	2006年10月
	OPSIA misumi(オプシアミスミ)	鹿児島市	21,494	2007年11月
	アクロスプラザ与次郎	鹿児島市	20,699	2017年 4月
	イオン鹿児島鴨池店	鹿児島市	20,420	1975年 7月
	イオンタウン始良	始良市	55,100	2016年 3月
	サンエー那覇メインプレイス	那覇市	37,110	2002年10月
	イオン那覇ショッピングセンター	那覇市	25,000	1993年11月
	パレットくもじ＊	那覇市	20,208	1991年 4月
	サンエー浦添西海岸パルコシティ	浦添市	60,000	2019年 6月
	イーアス沖縄豊崎	豊見城市	47,600	2020年 6月
	イオン具志川ショッピングセンター	うるま市	25,046	2000年11月
	具志川メインシティ	うるま市	22,197	1999年10月
	ネーブルカデナ	沖縄県嘉手納町	21,000	1992年12月
	イオンモール沖縄ライカム	沖縄県北中城村	86,000	2015年 4月
	サンエー西原シティ	沖縄県西原町	22,614	2003年10月
	イオン南風原ショッピングセンター	沖縄県南風原町	26,046	2004年 5月
	シーモール下関＊	下関市	59,600	1977年10月
	ゆめシティ	下関市	30,500	2009年12月
	ゆめタウン長府	下関市	20,225	1993年 6月
	ゆめタウン宇部	宇部市	24,900	1996年 9月
	フジグラン宇部	宇部市	20,400	1999年 3月
	ゆめタウン山口	山口市	24,670	1997年 3月
	イオン防府店	防府市	35,743	1982年 4月
	イオンタウン防府	防府市	34,343	2008年 3月
	ゆめタウン下松、星プラザ	下松市	30,516	1993年11月
	イオンタウン周南	周南市	24,823	2008年 6月
	おのだサンパーク	山陽小野田市	38,000	1983年10月

注) 1.百貨店並びに20,000㎡以上のショッピングセンターを表示
2.＊は店舗の一部である百貨店の店舗面積を含む
3.2023年8月現在

東洋経済新報社「全国大型小売店総覧2024」、株式会社ストアーズ社「百貨店調査年鑑2022年度版」
日本ショッピングセンター協会ウェブサイト、各社ウェブサイト、経済産業省・各自治体ウェブサイト

第5章　産業（7）金融業

C.5 Industries (7) Finance

■増勢続く九州における国内銀行貸出金残高、預貸率３年ぶり上昇

　2021年の九州における金融業の事業所数は4,101事業所で、全国シェアは10.8％である。2023年３月末の九州における国内銀行貸出金残高は45.5兆円（前年比＋3.4％）となっており、製造業を中心とした設備投資ニーズ等が後押しし、13年連続で増加となった。預金残高についても65.9兆円（同＋2.3％）と増加したものの、コロナ禍において抑制されていた消費が戻った直近２カ年ほどの伸びはなく、預貸率は３年ぶりに上昇に転じた。

金融業の概況〈九州８県〉(2021)
Outlook of the Financial Industry〈Kyushu's 8 Pref.〉(2021)

（単位　事業所、人、％）
(establishments, people, %)

	事業所数 Number of Establishments		従業者数 Number of Employees	
		全国シェア		全国シェア
金融業計	4,101	10.8	63,875	7.9
銀行業	1,790	12.7	36,619	9.2
協同組織金融業	1,155	10.4	12,286	7.1
貸金業, クレジットカード業等 非預金信用機関	639	11.9	8,666	8.4
金融商品取引業, 商品先物取引業	285	5.3	3,448	3.3
補助的金融業等	232	11.1	2,856	8.1

総務省・経済産業省「令和3年経済センサス-活動調査」

国内銀行の預金・貸出金推移〈九州８県〉
Deposits & Loans of Domestically Licensed Banks〈Kyushu's 8 Pref.〉

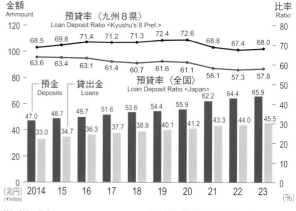

注）各年3月末

日本銀行「都道府県別預金・現金・貸出金」

■コア業務純益増加、不良債権残高減少

　九州の地方銀行12行のコア業務純益（銀行本来の業務による収益力を示す）は、貸出金残高の増加やDX等による経費の削減などが押し上げに寄与した。一方で、日米金利政策等により債券価格が下落したことから、当期純利益については減益となった。九州の地方銀行12行の不良債権残高（2023年３月期決算）は7,870億円。前年より1.2％減少し、不良債権比率についても0.1％pt低下した。財務の安全性を示す自己資本比率（12行平均）は9.9％と前年から上昇した。

地方銀行の利益額推移〈九州８県〉
Profits Earned by Regional Banks〈Kyushu's 8 Pref.〉

注）2019年度以前は13行、2020年度
　　以降は合併により12行

全国銀行協会「全国銀行財務諸表分析」
全国地方銀行協会「地方銀行の決算の状況」
各行決算公告等

地方銀行の不良債権残高〈九州８県〉
Non-Performing Loans of Regional Banks〈Kyushu's 8 Pref.〉

注）1. 2019年度以前は13行、2020年度以降は
　　　合併により12行
　　2. 自己資本比率は地銀12行の単純平均
　　3. 各年3月末

全国銀行協会
「全国銀行財務諸表分析」
各行決算公告等

第5章　産業（8）不動産業
C.5 Industries (8) Real Estate

■他産業からの不動産事業参入が多い九州

　九州における不動産業の事業所数は3.1万で全国の9.8％、従業者数は10.7万人で全国の9.0％、売上高は2兆2,909億円で全国の5.8％である。不動産業は大都市への集積度が高い産業であり、九州では他の産業に比べて全国シェアが低い傾向がある。また、他産業の事業者が事業多角化で不動産事業に参入する傾向があるため、不動産事業収入の22.0％は本業（不動産業・物品賃貸業）以外の産業によって占められている。なかでも運輸業や卸売業・小売業による不動産事業収入が多く、近年ではエネルギー関連企業の参入もみられる。

不動産業の概況〈九州8県〉
Outlook of Real Estate Industry 〈Kyushu's 8 Pref.〉
（単位　事業所、人、億円）
(establishments, people, ¥100 million)

	事業所数 Number of Establishments	全国シェア Share in Japan	従業者数 Number of Employments	全国シェア Share in Japan	売上高 Amount Sales	全国シェア Share in Japan
不動産業	31,066	9.8%	106,501	9.0%	22,909	5.8%
建物売買業, 土地売買業	1,736	10.1%	8,969	7.7%	5,932	5.0%
不動産代理業・仲介業	4,954	12.0%	19,359	10.3%	2,750	0.1%
不動産賃貸業（貸家業, 貸間業を除く）	4,948	9.1%	20,188	9.4%	5,212	5.6%
貸家業, 貸間業	14,757	10.2%	36,641	9.8%	4,662	6.0%
駐車場業	2,367	10.2%	5,838	10.1%	625	8.4%
不動産管理業	2,304	6.7%	15,506	6.8%	3,729	6.7%

総務省・経済産業省「令和3年経済センサス-活動調査」

不動産事業収入の産業別構成
Composition of Real Estate Business Revenue by Industry

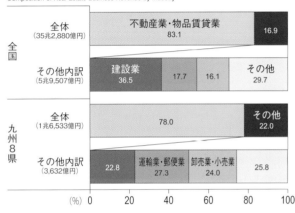

総務省・経済産業省「平成28年経済センサス-活動調査」

■コロナ禍による地価下落・オフィス空室率上昇のトレンドは一服

　2021年に引き続き、2022年の九州・山口主要都市の地価（1月1日時点の公示地価）は、多くの都市でコロナ禍からの回復の動きがみられた。住宅地は全都市でプラス、商業地では微減の宮崎市と下関市を除きプラスとなったが、これは2022年時点と同様の傾向であった。コロナ禍の影響を受けたオフィス空室率の反転上昇はやや落ち着きを見せており、福岡市では2年連続の減少となった。

主要都市の地価と変動率（2023年1月1日時点）
Land Price & Its Change Rates in Major Cities as of Jan. 1st, 2023
（単位 円/㎡,％）

	住宅地 平均価格 Ave. Land Price	住宅地 変動率 YoY Change	商業地 平均価格 Ave. Land Price	商業地 変動率 YoY Change
北九州市 Kitakyushu City	54,400	0.8	150,500	2.2
福岡市 Fukuoka City	196,300	8.0	1,273,400	10.6
久留米市 Kurume City	54,800	1.5	120,500	3.8
佐賀市 Saga City	43,600	2.1	95,400	6.4
長崎市 Nagasaki City	65,400	1.0	308,200	2.3
佐世保市 Sasebo City	36,300	1.1	154,900	1.4
熊本市 Kumamoto City	73,900	1.9	316,500	2.4
大分市 Oita City	58,900	2.9	150,100	1.6
宮崎市 Miyazaki City	48,500	0.2	94,400	△0.2
鹿児島市 Kagoshima City	92,100	0.4	288,800	0.5
那覇市 Naha City	185,900	2.2	427,800	1.9
下関市 Shimonoseki City	38,800	0.6	67,300	△0.3
山口市 Yamaguchi City	36,900	0.7	77,900	0.4

注）県庁所在地または人口20万人以上の市　　国土交通省「地価公示」

オフィス空室率の推移
Office Rate of Vacancy

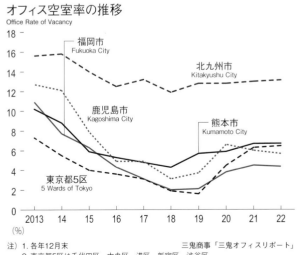

注）1.各年12月末　　三鬼商事「三鬼オフィスレポート」
　　2.東京都5区は千代田区、中央区、港区、新宿区、渋谷区

市区町村別地価変動率（F.Y.2022）
Land Price Fluctuation Rate（F.Y.2022）

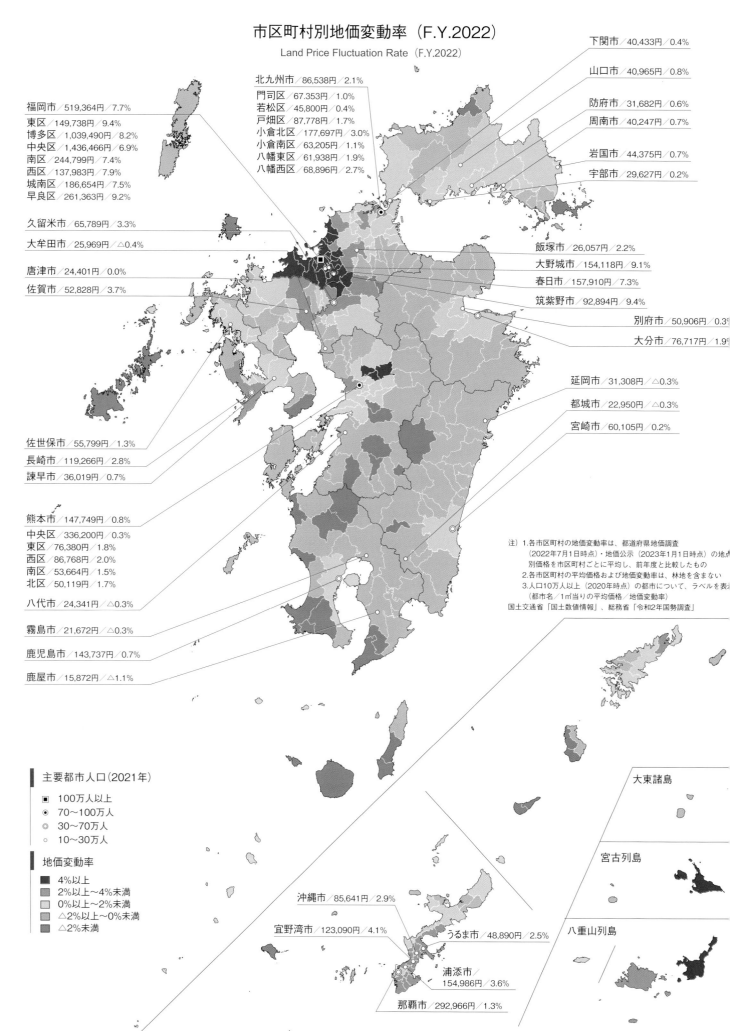

福岡市／519,364円／7.7%
東区／149,738円／9.4%
博多区／1,039,490円／8.2%
中央区／1,436,466円／6.9%
南区／244,799円／7.4%
西区／137,983円／7.9%
城南区／186,654円／7.5%
早良区／261,363円／9.2%

久留米市／65,789円／3.3%
大牟田市／25,969円／△0.4%
唐津市／24,401円／0.0%
佐賀市／52,828円／3.7%

北九州市／86,538円／2.1%
門司区／67.353円／1.0%
若松区／45,800円／0.4%
戸畑区／87,778円／1.7%
小倉北区／177,697円／3.0%
小倉南区／63,205円／1.1%
八幡東区／61,938円／1.9%
八幡西区／68,896円／2.7%

下関市／40,433円／0.4%
山口市／40,965円／0.8%
防府市／31,682円／0.6%
周南市／40,247円／0.7%
岩国市／44,375円／0.7%
宇部市／29,627円／0.2%

飯塚市／26,057円／2.2%
大野城市／154,118円／9.1%
春日市／157,910円／7.3%
筑紫野市／92,894円／9.4%
別府市／50,906円／0.3%
大分市／76,717円／1.9%

佐世保市／55,799円／1.3%
長崎市／119,266円／2.8%
諫早市／36,019円／0.7%

熊本市／147,749円／0.8%
中央区／336,200円／0.3%
東区／76,380円／1.8%
西区／86,768円／2.0%
南区／53,664円／1.5%
北区／50,119円／1.7%
八代市／24,341円／△0.3%
霧島市／21,672円／△0.3%
鹿児島市／143,737円／0.7%
鹿屋市／15,872円／△1.1%

延岡市／31,308円／△0.3%
都城市／22,950円／△0.3%
宮崎市／60,105円／0.2%

沖縄市／85,641円／2.9%
宜野湾市／123,090円／4.1%
うるま市／48,890円／2.5%
浦添市／154,986円／3.6%
那覇市／292,966円／1.3%

大東諸島
宮古列島
八重山列島

注）1.各市区町村の地価変動率は、都道府県地価調査（2022年7月1日時点）・地価公示（2023年1月1日時点）の地点別価格を市区町村ごとに平均し、前年度と比較したもの
2.各市区町村の平均価格および地価変動率は、林地を含まない
3.人口10万人以上（2020年時点）の都市について、ラベルを表示（都市名／1㎡当りの平均価格／地価変動率）
国土交通省「国土数値情報」、総務省「令和2年国勢調査」

主要都市人口（2021年）
■ 100万人以上
◉ 70〜100万人
◎ 30〜70万人
○ 10〜30万人

地価変動率
4%以上
2%以上〜4%未満
0%以上〜2%未満
△2%以上〜0%未満
△2%未満

第5章　産業（9）観光・レジャー業
C.5 Industries (9) Tourism & Leisure

■九州の旅館、ホテル業の従業者数は全国シェアが高い

　九州の主要な観光・レジャー業の2021年の事業所数は１万1,284カ所、従業者数は14万5,109人であった。従業者数の全国シェアは11.7%で、特に旅館・ホテルの全国シェアは14.1%と高い割合を占めている。また、各県の全産業に占める観光・レジャー産業の従業者数の割合をみると、観光を最大の産業として位置づける沖縄県において4.4%と突出している。

主要な観光・レジャー業の概況(2021:九州8県)
Number of Establishments & Number of Employee in Tourism & Leisure-privately owned （単位 事業所、人、%）(establishments, people, %)

九州8県 Kyushu's 8 Pref.	事業所数 Number of Establishments	従業者数 Number of Employees	全国シェア Share in Japan
合計	11,284	145,109	11.7
旅行業	669	5,663	8.1
旅館，ホテル	4,369	69,182	14.1
簡易宿所	496	1,556	14.5
映画館	65	1,809	9.6
興行場（別掲を除く），興行団	236	2,107	6.1
競輪・競馬等の競走場，競技団	21	578	5.2
スポーツ施設提供業	1,710	24,676	9.3
公園，遊園地	206	4,627	7.6
遊戯場	1,804	24,476	13.1
その他の娯楽業	1,708	10,435	11.8

注）民営事業所の集計　　　総務省「令和3年経済センサス-活動調査」

主要な観光・レジャー産業の従業者数(2021)
Number of Employees in the Tourism & Leisure Industry (2021)

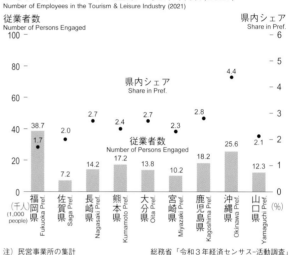

注）民営事業所の集計　　　総務省「令和3年経済センサス-活動調査」

■2022年の旅行需要は大幅に増加

　2022年の九州の延べ宿泊者数は6,255万人泊と前年から41.2%増加した。コロナ禍の行動制限の緩和に伴い、移動が大幅に増えている。観光客の割合が高い沖縄県や大分県では、特に大きな増加率を記録した。外国人宿泊者数は、165万人泊で前年比199.1%増と大幅に増加した。コロナ禍による外国人に対する入国制限は、一部の国を対象に継続されていたものの、九州で唯一減少した長崎県を除き、各県とも、前年比で129.0%から578.2%と大きな伸びを示した。

宿泊者数の推移(2022)
Number of Guests Lodging (2022) （単位 万人泊、%）(10,000 people, %)

	延べ宿泊者数 Total Number of Guests	増減率 2022/2021	外国人延べ宿泊者数 Total Number of Foreign Guests	増減率 2022/2021
全　　国 Japan	45,046	41.8	1,650	282.3
九州8県 Kyushu's 8 Pref.	6,255	41.2	164	199.1
福岡県 Fukuoka Pref.	1,399	45.5	61	481.5
佐賀県 Saga Pref.	199	27.0	2	198.7
長崎県 Nagasaki Pref.	634	35.8	10	△14.6
熊本県 Kumamoto Pref.	630	33.0	10	179.3
大分県 Oita Pref.	630	51.5	17	578.2
宮崎県 Miyazaki Pref.	330	4.7	2	129.0
鹿児島県 Kagoshima Pref.	609	23.6	4	141.1
沖縄県 Okinawa Pref.	1,823	58.9	58	145.5
山口県 Yamaguchi Pref.	392	18.9	5	148.2

観光庁「宿泊旅行統計調査」

主要観光施設の入場者数
Number of Visitors at Major Tourist Facilities （単位 百人、%）(100 people, %)

施設名 Facility Name	F.Y.2020	F.Y.2021	F.Y.2022	前年比 Yoy Rate
マリンワールド海の中道 MARIN WORLD uminonakamichi	4,591	6,278	8,996	43.3
城島高原パーク Kijima Kogen Park	2,620	3,490	4,138	18.6
いおワールドかごしま水族館 Kagoshima City Aquarium	2,871	3,979	6,115	53.7
吉野ヶ里歴史公園 YOSHINOGARI HISTRICAL PARK	4,269	5,350	6,859	28.2
グラバー園 GLOVER GARDEN	2,385	2,802	6,495	131.8
島原城 Shimabara Castle	1,028	1,191	1,531	28.5
首里城公園 SHURIJO CASTLE PARK	3,330	3,430	9,940	189.8

注）2020年度は、いずれの施設も新型コロナウイルス感染拡大の影響による休業期間あり。2021年度、2022年度は一部施設に休業および時間短縮営業期間あり。　　各施設調べ

主要温泉地・入湯税収入地図
Map of Major Hot Springs & Bathing Tax Revenue

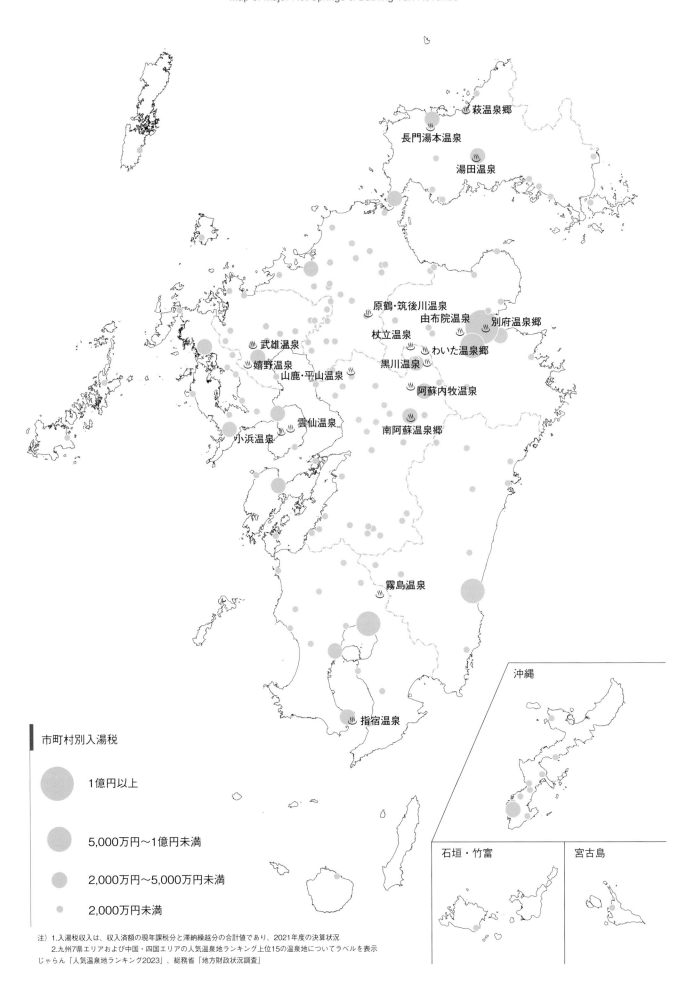

萩温泉郷
長門湯本温泉
湯田温泉
原鶴・筑後川温泉
由布院温泉
別府温泉郷
杖立温泉
武雄温泉
わいた温泉郷
嬉野温泉
黒川温泉
山鹿・平山温泉
阿蘇内牧温泉
雲仙温泉
南阿蘇温泉郷
小浜温泉
霧島温泉
指宿温泉

沖縄

石垣・竹富

宮古島

市町村別入湯税

1億円以上

5,000万円～1億円未満

2,000万円～5,000万円未満

2,000万円未満

注）1.入湯税収入は、収入済額の現年課税分と滞納繰越分の合計値であり、2021年度の決算状況
2.九州7県エリアおよび中国・四国エリアの人気温泉地ランキング上位15の温泉地についてラベルを表示
じゃらん「人気温泉地ランキング2023」、総務省「地方財政状況調査」

市区町村別来訪者数（2022）
Number of Visitors by Municipalities (2022)

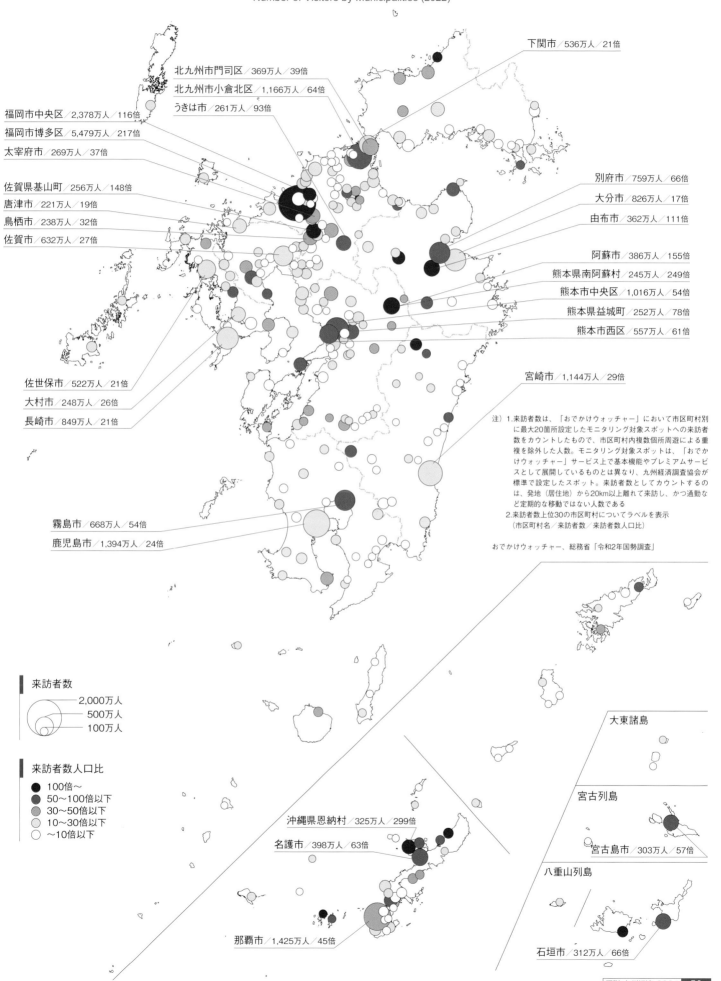

下関市／536万人／21倍

北九州市門司区／369万人／39倍
北九州市小倉北区／1,166万人／64倍
うきは市／261万人／93倍

福岡市中央区／2,378万人／116倍
福岡市博多区／5,479万人／217倍
太宰府市／269万人／37倍

佐賀県基山町／256万人／148倍
唐津市／221万人／19倍
鳥栖市／238万人／32倍
佐賀市／632万人／27倍

別府市／759万人／66倍
大分市／826万人／17倍
由布市／362万人／111倍

阿蘇市／386万人／155倍
熊本県南阿蘇村／245万人／249倍
熊本市中央区／1,016万人／54倍
熊本県益城町／252万人／78倍
熊本市西区／557万人／61倍

佐世保市／522万人／21倍
大村市／248万人／26倍
長崎市／849万人／21倍

宮崎市／1,144万人／29倍

霧島市／668万人／54倍
鹿児島市／1,394万人／24倍

注）1.来訪者数は、「おでかけウォッチャー」において市区町村別に最大20箇所設定したモニタリング対象スポットへの来訪者数をカウントしたもので、市区町村内複数個所周遊による重複を除外した人数。モニタリング対象スポットは、「おでかけウォッチャー」サービス上で基本機能やプレミアムサービスとして展開しているものとは異なり、九州経済調査協会が標準で設定したスポット。来訪者数としてカウントするのは、発地（居住地）から20km以上離れて来訪し、かつ通勤など定期的な移動ではない人数である
2.来訪者数上位30の市区町村についてラベルを表示（市区町村名／来訪者数／来訪者数人口比）

おでかけウォッチャー、総務省「令和2年国勢調査」

大東諸島

宮古列島
宮古島市／303万人／57倍

八重山列島

沖縄県恩納村／325万人／299倍
名護市／398万人／63倍

那覇市／1,425万人／45倍

石垣市／312万人／66倍

来訪者数
2,000万人
500万人
100万人

来訪者数人口比
100倍～
50～100倍以下
30～50倍以下
10～30倍以下
～10倍以下

第5章　産業（10)医療・福祉
C.5 Industries (10) Medical Care & Welfare

■医療提供体制の構造改革で後れをとる九州

　九州における2021年の医療・福祉の事業所数は 6 万2,645事業所、従業者数は120万4,390人となった。九州の従業者数は、全業種では全国の11.4%を占めているのに対し、医療・福祉では13.6%と高い水準となっている。なかでも医療業（13.9%）の全国シェアが高い。また、病床数の削減、受療率の低下が全国的に進む中、九州の人口10万人当りの病院数は10.7施設、病床数は1,717.3床と減少しており、病床再編の動きはあるが、依然としてそれぞれ全国の1.6倍、1.4倍となっている。受療率も新型コロナウイルス感染症の影響もあり減少しているが、全国と比較して、入院が1.5倍、外来が1.1倍と高い状態である。

医療、福祉の概況(2021)
Medical Care & Welfare Industries-privately owned (2021)
（単位　事業所、人、%、億円）
(establishments, people, %, ¥100 million)

九州 8 県 Kyushu's 8 Pref.	事業所数 Number of Establishments	従業者数 Number of Employees	全国シェア Share in Japan	売上金額 (2020) Annual Sales
全業種	624,558	6,358,278	11.4%	―
医療, 福祉	62,645	1,204,390	13.6%	154,356.2
医療業	29,737	598,282	13.9%	50,569.9
病　院	1,520	363,024	15.1%	―
一般診療所	9,988	138,422	13.2%	―
歯科診療所	7,236	52,018	11.4%	―
助産・看護業	1,012	10,603	10.9%	―
療術業	9,037	22,954	11.3%	―
医療に附帯するサービス業	861	9,187	11.8%	―
その他の医療業	83	2,074	0.7%	―
保健衛生	631	20,489	12.3%	758.2
社会保険・社会福祉・介護事業	32,275	585,613	13.2%	103,026.4
社会保険事業団体	308	5,964	10.3%	―
児童福祉事業	10,010	156,861	13.8%	―
老人福祉・介護事業	16,075	330,191	13.0%	―
障害者福祉事業	4,603	66,538	13.1%	―
その他の社会保険等事業	1,279	26,059	14.2%	―

総務省「令和3年経済センサス-活動調査　事業所に関する集計-産業横断的集計」

人口10万人あたりの病院数・病床数・受療率(2020)
Number of Hospital and Hospital Beds, and Consultation Rates per 100,000 Population (2020)
（単位　施設、床、人）
(facilities, beds, people)

	病院数	病床数	受療率 入院	受療率 外来
全　　　国 Japan	6.5	1195.1	960	5,658
九 州 8 県 Kyushu's 8 Pref.	10.7	1717.3	1,465	6,004
福 岡 県 Fukuoka Pref.	8.9	1609.7	1,368	6,351
佐 賀 県 Saga Pref.	12.3	1780.9	1,523	6,599
長 崎 県 Nagasaki Pref.	11.3	1962.6	1,679	6,099
熊 本 県 Kumamoto Pref.	12.0	1883.7	1,620	6,210
大 分 県 Oita Pref.	13.6	1746.9	1,481	5,103
宮 崎 県 Miyazaki Pref.	12.8	1742.4	1,374	6,224
鹿 児 島 県 Kagoshima Pref.	14.7	2025.1	1,810	6,256
沖 縄 県 Okinawa Pref.	6.1	1267.6	1,082	4,393
山 口 県 Yamaguchi Pref.	10.6	1846.6	1,577	6,281

注）受療率は単位人口あたり1日の推計患者数
　　（2020年10月1日現在）
厚生労働省「患者調査」「医療施設調査」

■入所型施設の再編成が求められる介護事業所

　九州における介護サービスの費用額は年々増加を続け、2012年度の 1 兆1,061億円から2021年度には 1 兆3,416億円へと1.2倍増加した。内訳をみると施設介護サービスがほぼ横ばいなのに対し、地域密着型介護サービスと居宅介護サービスが伸びている。両サービス合計で2021年度は2012年度の1.3倍となり、在宅での介護サービスが充実してきていることがわかる。2021年の九州の介護事業所数は 2 万9,937事業所となり、全国の13.6%を占めている。依然として介護療養型医療施設（28.5%）のシェアが高く、同施設が完全廃止される2024年 3 月末に向け、病床の再編が急務である。

介護サービス費用額の推移〈九州 8 県〉
Cost of Nursing Care Service〈Kyushu's 8 Pref.〉

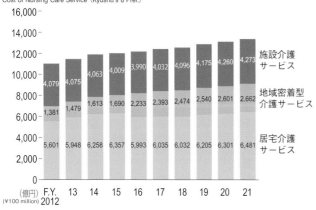

注）1.費用額は、保険給付額、公費負担額、利用者負担額の合計額
　　2.2016年4月より、居宅介護サービスの小規模デイサービスのうち定員18名以下の事業所が地域密着型介護サービスに移行した
厚生労働省「介護保険事業状況報告」

介護事業所の概況(2021)
Status of Nursing Care Establishments (2021)
（単位　事業所、%）
(establishments,%)

九州 8 県 Kyushu's 8 Pref.			事業所数 2021	全国シェア Share in Japan
介護保険施設		介護老人福祉施設	1,066	12.7
		介護老人保健施設	617	14.4
		介護医療院	143	23.2
		介護療養型医療施設	120	28.5
		合　計	1,946	14.2
居宅サービス	訪問介護	訪問介護	4,258	12.0
		訪問入浴介護	163	9.6
		訪問看護ステーション	1,822	13.4
	通所介護	通所介護	3,934	16.1
		通所リハビリテーション	1,718	20.7
	その他	短期入所生活介護	1,417	12.0
		短期入所療養介護	820	16.2
		特定施設入居者生活介護	609	10.9
		福祉用具貸与	970	12.5
		特定福祉用具販売	928	12.1
		居宅介護支援	4,862	12.5
		合　計	21,501	13.4
地域密着型サービス事業所			6,490	14.2
合　計			29,937	13.6

注）介護療養型医療施設は、2018年度から介護医療院等に移行が進んでおり、2024年度に完全廃止される。
厚生労働省「介護サービス施設・事業所調査」

第5章　産業（11）教育・学習支援
C.5 Industries (11) Education & Learning Support

■非学校教育の供給が少ない九州

　九州の教育・学習支援関連の従業者数は、学校教育（2021年）が28.2万人で全国の11.8%である。その他の教育・学習支援業（2021年）は8.9万人で、全国の9.2%にとどまっており、人口に対して相対的に供給が少ない。売上高でみると、学習塾が605億円、スポーツ・健康が245億円で全国シェアも比較的高い一方、音楽、外国語会話は売上高・シェアともに小さい。

教育・学習支援業の概況〈九州8県〉
Outlook of Education & Learning Support〈Kyushu's 8 Pref.〉

（単位　事業所、人、%）
(establishments, people, %)

	事業所数 Number of Establishments		従業者数 Number of Employees	
		全国シェア Share in Japan		全国シェア Share in Japan
学校教育 School Education	7,969	13.9	281,998	11.8
その他の教育・学習支援業 Miscellaneous Education, Learning Support	17,389	11.1	88,839	9.2
社会教育 Social Education	2,269	13.2	14,930	10.7
職業・教育支援施設 Vocational and Educational Support Facilities	594	10.9	8,956	9.0
学習塾 Supplementary Tutorial Schools	5,529	10.4	30,971	8.2
教養・技能教授業 Instruction Services for Arts, Culture and Technicals	8,256	11.1	23,535	9.1

総務省「令和3年経済センサス−活動調査」

学習塾および教養・技能教授業の年間売上高・全国シェア（2021）
Annual Sales & Share in Japan of Supplementary Tutorial Schools & Instruction Services (2021)

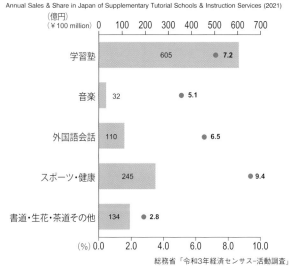

（億円）（¥ 100 million）

	売上高（億円）	シェア（%）
学習塾	605	7.2
音楽	32	5.1
外国語会話	110	6.5
スポーツ・健康	245	9.4
書道・生花・茶道その他	134	2.8

総務省「令和3年経済センサス−活動調査」

■大学生数は減少傾向

　九州の2022年卒の高等学校卒業者数は11.9万人である。大学等への進学率は50.6%であり、全国に比べ専修学校（専門学校等）への進学や、就職が多い傾向がある。県内就職率は70.7%と全国の82.5%より低く、特に南九州で低い傾向がある。大学の学生数は24.0万人である。近年は東京都・大阪府への学生の集中が目立ち、九州では10年前（2012年）に比べ0.3万人減少している。今後、少子化により学生数の増加が見込めないなかで、大学は、産学連携や社会人向けのリカレント教育等、収益源の多様化が求められる。

高等学校卒業者の状況（F.Y.2022）
Career Paths of High School Graduates (F.Y.2022)

（単位　人、%）
(people, %)

	卒業者数 Number of Graduates	進路の割合 Career Paths after Graduation			
		大学等 University	専修学校 Specialized Training Colleges	就職 Employment	うち県内 Inside the Pref.
全　　　国 Japan	990,230	59.5	20.5	14.7	82.5
九 州 8 県 Kyushu's 8 Pref.	119,225	50.6	24.0	20.1	70.7
福 岡 県 Fukuoka Pref.	39,841	57.2	22.4	15.5	80.8
佐 賀 県 Saga Pref.	7,440	46.7	22.4	28.5	66.4
長 崎 県 Nagasaki Pref.	11,283	48.9	22.1	25.0	72.1
熊 本 県 Kumamoto Pref.	14,388	47.9	24.7	23.8	62.4
大 分 県 Oita Pref.	9,417	50.4	23.7	22.5	76.9
宮 崎 県 Miyazaki Pref.	9,272	46.7	23.0	26.0	62.5
鹿 児 島 県 Kagoshima Pref.	13,764	46.5	26.2	23.2	64.5
沖 縄 県 Okinawa Pref.	13,820	44.6	29.2	12.6	69.8
山 口 県 Yamaguchi Pref.	10,260	45.6	23.2	28.0	83.0

注）1. 全日制・定時制の高等学校
　　2. 2022年5月1日現在
文部科学省「学校基本調査報告書」

大学数、学生数（F.Y.2022）
Number of Universities & Students (F.Y.2022)

（単位　大学、人）
(universities, people)

	大学数 Number of Universities	学生数 Number of Students	10年前からの増減 Change from 10 Years Ago	人口千人当り学生数 Per 1,000 Population
全　　　国 Japan	807	2,930,780	54,646	23.2
九 州 8 県 Kyushu's 8 Pref.	80	240,797	△3,111	16.9
福 岡 県 Fukuoka Pref.	35	122,423	667	23.8
佐 賀 県 Saga Pref.	2	8,544	△302	10.5
長 崎 県 Nagasaki Pref.	8	18,941	△295	14.4
熊 本 県 Kumamoto Pref.	9	27,276	△1,656	15.7
大 分 県 Oita Pref.	5	16,090	98	14.3
宮 崎 県 Miyazaki Pref.	7	10,546	△577	9.9
鹿 児 島 県 Kagoshima Pref.	6	17,348	△781	10.9
沖 縄 県 Okinawa Pref.	8	19,629	△265	13.4
山 口 県 Yamaguchi Pref.	10	20,207	867	15.0

注）1. 大学数は大学本部所在地による
　　2. 学生数は大学院等を含む
　　3. 大学数・学生数は2022年5月1日時点、
　　　人口は2020年10月1日時点
文部科学省「学校基本調査報告書」
総務省「国勢調査」

第5章　産業（12）エネルギー

C.5 Industries (12) Energy

■FITにより再生可能エネルギーの供給が増加

　九州7県の電源構成は、福島第一原子力発電所事故を受けた稼働停止で原子力の割合が一時低下した。だが、2015年8月に川内原子力発電所、2018年3月に玄海原子力発電所が再稼働したことで、2021年度における発電方式別発電電力量の割合は原子力が36%となった。2022年度は玄海原発の3号機と4号機が定期検査で停止し、20%まで低下した。また2012年7月以降のFIT※により、再生可能エネルギー由来の買取電力量が増え、2022年度は再生可能エネルギーの発電・調達電力量が21%を占めた。また、九州は、石油やLNG等のエネルギー備蓄の中心的な役割を担っている。

※Feed In Tariff；再生可能エネルギーの固定価格買取制度

発電方式別の発電・調達電力量〈九州7県〉
Amount of Electric Power Production & Procurement〈Kyushu's 7 Pref.〉

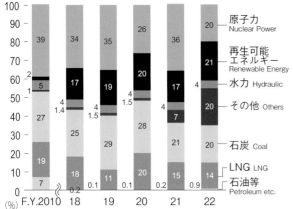

凡例：
原子力 Nuclear Power
再生可能エネルギー Renewable Energy
水力 Hydraulic
その他 Others
石炭 Coal
LNG LNG
石油等 Petroleum etc.

注）2018年度以降の再生可能エネルギーはFIT電気を含む。
　　水力は揚水を含む。
　　その他に卸電力取引所からの調達を含む。

九州電力ウェブサイト

主な石油備蓄・LPG・LNG基地
Major Oil-LPG-LNG Strage Base

	施　設　名 Facility Name	所　在　地 Location	貯蔵能力 石油=万kl LPG=万t LNG=万kl
石油	白島国家石油備蓄基地	北九州市	約560
	上五島国家石油備蓄基地	長崎県上五島町	約440
	ENEOS大分製油所	大分市	…
	ENEOS喜入基地	鹿児島市	約735
	串木野国家石油備蓄基地	いちき串木野市	約175
	志布志国家石油備蓄基地	鹿児島県東串良町、肝付町	約500
	沖縄石油基地（OCC）	うるま市	約450
	沖縄ターミナル（OTC）	うるま市	157
	ENEOS麻里布製油所	山口県和木町	…
	西部石油　山口製油所	山陽小野田市	385
LPG	ENEOSグローブガスターミナル唐津ガスターミナル	唐津市	8
	福島国家石油ガス備蓄基地	松浦市	約20
	九州液化瓦斯福島基地	松浦市	16
	大分液化ガス共同備蓄大分事業所	大分市	22
	レゾナック大分コンビナート	大分市	8
	出光興産徳山事業所	周南市	12
LNG	北九州エル・エヌ・ジー	北九州市戸畑区	48
	ひびきエル・エヌ・ジーひびきLNG基地	北九州市若松区	36
	大分エル・エヌ・ジー大分LNG基地	大分市	46
	日本ガス鹿児島工場	鹿児島市	9
	吉の浦火力発電所	沖縄県中城村	28
	中国電力柳井基地	柳井市	48

注）千KL、千トン以下四捨五入

各社ウェブサイト
経済産業省及び資源エネルギー庁ウェブサイト
2022年版LPガス資料年報、2021年版ガス事業便覧

■導入進む再生可能エネルギー

　九州における2023年3月末時点の再生可能エネルギーの設備導入量は、太陽光が1,203万kW、風力が65万kW、バイオマスが90万kWである。FITの制度下で企業の新規参入が相次いだ太陽光発電は、2014年10月以降、制度の見直しや大手電力会社による受入制限が行われるようになっているものの、依然、導入量は増加を続けている。また、近年ではバイオマスについても導入量が増加している。

固定価格買取制度における再生可能エネルギーの設備導入量〈九州〉
Installed Capacity of Renewable Energy under Feed in Tariff〈Kyushu〉

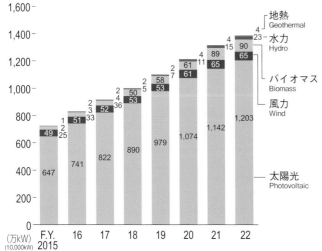

凡例：
地熱 Geothermal
水力 Hydro
バイオマス Biomass
風力 Wind
太陽光 Photovoltaic

資源エネルギー庁「固定価格買取制度　情報公表用ウェブサイト」

新エネルギー発電量・電源別構成比（2022年度）
Amount of New Energy Generated & Composition Ratio by Power Source (F.Y.2022)

（単位　万kW、%）
(10 thousand kW, %)

	新エネルギー 計 Total	電源別構成比 Composition Ratio by Power Sowrce				
		風力 Wind	太陽光 Photovoltaic	地熱 Geothermal	バイオマス Biomass	廃棄物 Waste
全　　　国 Japan	6,017,579	12.2	36.1	3.2	41.6	6.8
九 州 8 県 Kyushu's 8 Pref.	1,105,328	6.4	33.4	10.8	45.6	3.8
福　岡　県 Fukuoka Pref.	365,224	0.6	20.0	0.0	74.8	4.6
佐　賀　県 Saga Pref.	23,005	32.3	46.0	0.0	21.7	0.0
長　崎　県 Nagasaki Pref.	38,124	27.6	61.8	0.0	10.6	0.0
熊　本　県 Kumamoto Pref.	95,196	2.8	60.3	0.0	29.9	7.1
大　分　県 Oita Pref.	226,099	0.3	27.5	36.7	31.5	3.9
宮　崎　県 Miyazaki Pref.	118,187	10.2	44.8	0.0	36.4	8.6
鹿 児 島 県 Kagoshima Pref.	198,494	16.2	44.4	18.3	21.2	0.0
沖　　　縄 Okinawa Pref.	40,998	7.3	4.1	0.0	88.6	0.0
山　口　県 Yamaguchi Pref.	270,255	4.6	23.8	0.0	71.6	0.0

資源エネルギー庁「電力調査統計表」

主要エネルギー関連施設地図
Map of Major Power Plants & Fuel Storage Facilties

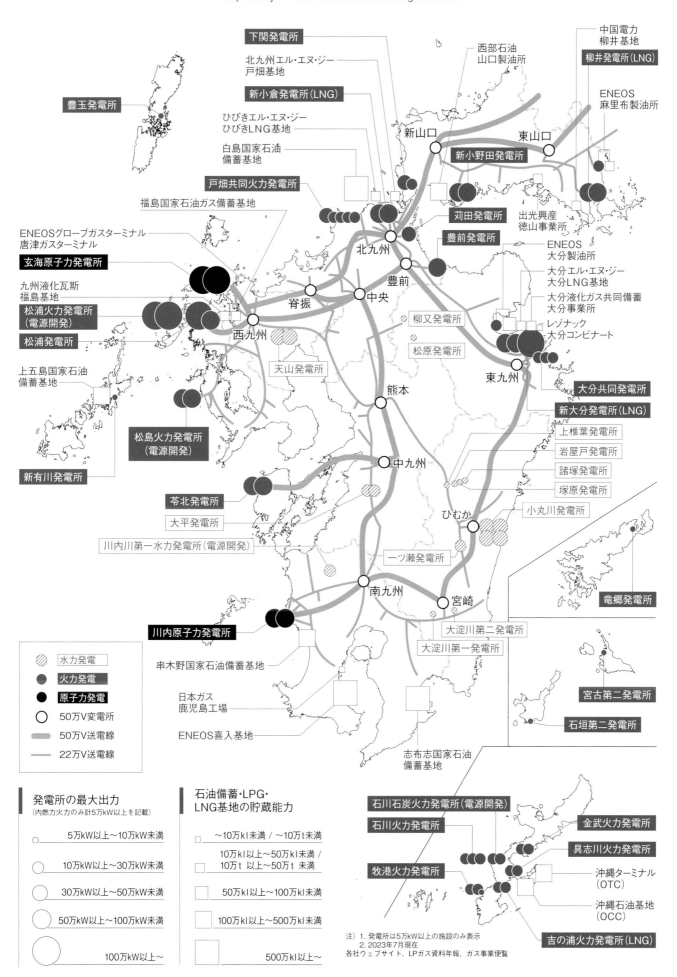

下関発電所

北九州エル・エヌ・ジー
戸畑基地

新小倉発電所(LNG)

ひびきエル・エヌ・ジー
ひびきLNG基地

白島国家石油
備蓄基地

戸畑共同火力発電所

福島国家石油ガス備蓄基地

ENEOSグローブガスターミナル
唐津ガスターミナル

玄海原子力発電所

九州液化瓦斯
福島基地

松浦火力発電所
(電源開発)

松浦発電所

上五島国家石油
備蓄基地

松島火力発電所
(電源開発)

新有川発電所

苓北発電所

大平発電所

川内川第一水力発電所(電源開発)

川内原子力発電所

串木野国家石油備蓄基地

日本ガス
鹿児島工場

ENEOS喜入基地

志布志国家石油
備蓄基地

西部石油
山口製油所

中国電力
柳井基地

柳井発電所(LNG)

ENEOS
麻里布製油所

新山口

東山口

新小野田発電所

苅田発電所

出光興産
徳山事業所

豊前発電所

ENEOS
大分製油所

大分エル・エヌ・ジー
大分LNG基地

大分液化ガス共同備蓄
大分事業所

レゾナック
大分コンビナート

大分共同発電所

新大分発電所(LNG)

上椎葉発電所

岩屋戸発電所

諸塚発電所

塚原発電所

小丸川発電所

一ツ瀬発電所

大淀川第二発電所

大淀川第一発電所

北九州

豊前

中央

脊振

西九州

天山発電所

柳又発電所

松原発電所

熊本

東九州

中九州

ひむか

南九州

宮崎

豊玉発電所

竜郷発電所

宮古第二発電所

石垣第二発電所

石川石炭火力発電所(電源開発)

石川火力発電所

牧港火力発電所

金武火力発電所

具志川火力発電所

沖縄ターミナル
(OTC)

沖縄石油基地
(OCC)

吉の浦火力発電所(LNG)

凡例
- 水力発電
- 火力発電
- 原子力発電
- 50万V変電所
- 50万V送電線
- 22万V送電線

発電所の最大出力
(内燃力火力のみ計5万kW以上を記載)
- 5万kW以上〜10万kW未満
- 10万kW以上〜30万kW未満
- 30万kW以上〜50万kW未満
- 50万kW以上〜100万kW未満
- 100万kW以上〜

石油備蓄・LPG・LNG基地の貯蔵能力
- 〜10万kl未満/〜10万t未満
- 10万kl以上〜50万kl未満/10万t以上〜50万t未満
- 50万kl以上〜100万kl未満
- 100万kl以上〜500万kl未満
- 500万kl以上〜

注）1. 発電所は5万kW以上の施設のみ表示
　　2. 2023年7月現在
各社ウェブサイト、LPガス資料年報、ガス事業便覧

市町村別再生可能エネルギー導入容量
Installed Capacity of Renewable Energy under Feed in Tariff

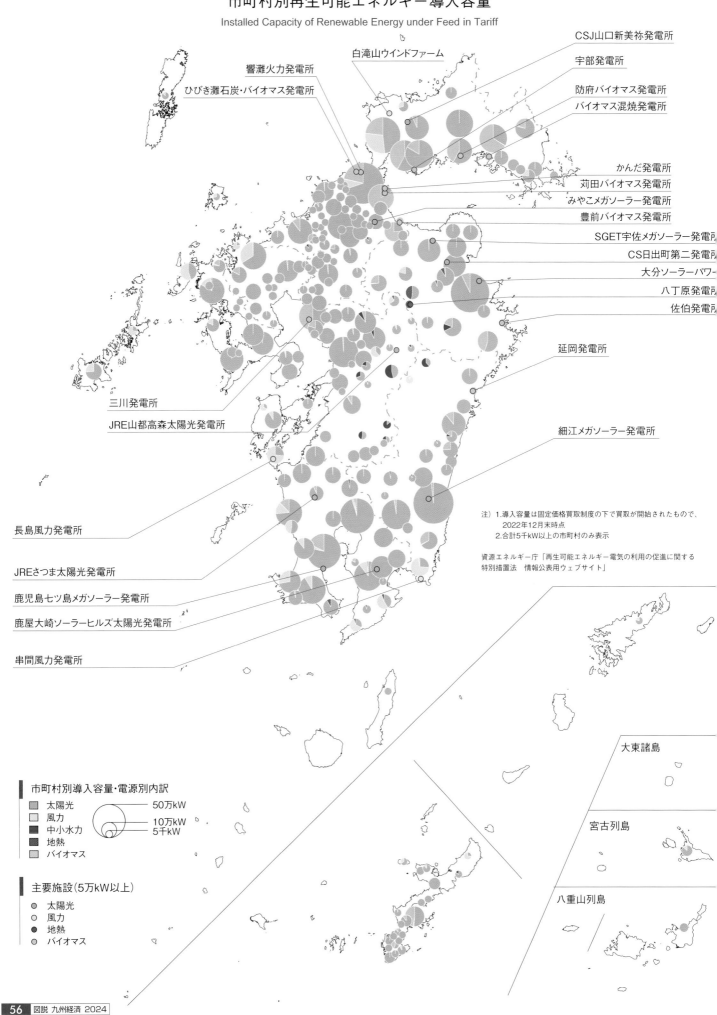

響灘火力発電所
ひびき灘石炭・バイオマス発電所
白滝山ウインドファーム
CSJ山口新美祢発電所
宇部発電所
防府バイオマス発電所
バイオマス混焼発電所
かんだ発電所
苅田バイオマス発電所
みやこメガソーラー発電所
豊前バイオマス発電所
SGET宇佐メガソーラー発電所
CS日出町第二発電所
大分ソーラーパワー
八丁原発電所
佐伯発電所
延岡発電所
細江メガソーラー発電所
三川発電所
JRE山都高森太陽光発電所
長島風力発電所
JREさつま太陽光発電所
鹿児島七ツ島メガソーラー発電所
鹿屋大崎ソーラーヒルズ太陽光発電所
串間風力発電所

注）1.導入容量は固定価格買取制度の下で買取が開始されたもので、2022年12月末時点
2.合計5千kW以上の市町村のみ表示

資源エネルギー庁「再生可能エネルギー電気の利用の促進に関する特別措置法　情報公表用ウェブサイト」

市町村別導入容量・電源別内訳
太陽光　風力　中小水力　地熱　バイオマス
50万kW　10万kW　5千kW

主要施設（5万kW以上）
太陽光　風力　地熱　バイオマス

大東諸島
宮古列島
八重山列島

第6章　交通・運輸（1）旅客

C.6 Transportation (1) Passenger

■域内交流が盛んな九州

　2021年度における九州の公共交通機関の輸送人員（鉄道、営業用自動車、旅客船、航空の計）は10億3,119万人である。前年度の9億438万人から14％増加した。機関別内訳は、乗合バスが34.5％を占め最多であり、民鉄やJRの構成比が高い全国とは傾向が異なる。また人口規模の大きい地方都市が各県に分散している九州7県では、地域ブロック内の交流が盛んであり、人口当りの県間輸送人員は地方圏のなかで最も多く、JRや乗合バスがその移動を担っている。

機関別輸送人員（F.Y.2021）
Number of Passengers and Composition Rate by Transportation Mode (F.Y.2021)　（単位 万人、%）(10,000 people, %)

	輸送人員 Number of Passengers		構成比 Composition Ratio	
	九州8県 Kyushu's 8 Pref.	全国 Japan	九州8県 Kyushu's 8 Pref.	全国 Japan
全機関 Total	103,119	2,307,847	100.0	100.0
JR Japan Railway	27,388	697,674	26.6	30.2
民鉄 Private Railway	26,840	1,174,418	26.0	50.9
乗合バス Fixed Route Bus	35,597	330,877	34.5	14.3
貸切バス Charter Bus	1,306	15,840	1.3	0.7
営業用乗用車 Business Passenger Car	9,408	80,275	9.1	3.5
旅客船 Passenger Ship	1,116	3,793	1.1	0.2
航空 Aviation	1,464	4,969	1.4	0.2

注）輸送人員は発着合計÷2で算出　　　　国土交通省「旅客地域流動調査」

人口1人当り地域ブロック内県間輸送人員（F.Y.2021）
Number of Inter-prefecture Transported People Per Capita within Regional Blocks (F.Y.2021)

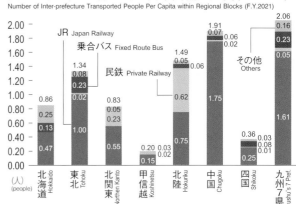

注）1. 南関東、東海、近畿を除く地方圏
　　2. 北海道は道内4地域間
　　3. 沖縄は単一県のため除外

国土交通省「旅客地域流動調査」
総務省「人口推計」

■鉄道・航空利用はコロナ禍から回復の兆し

　2022年の九州の鉄道輸送人員は5億9,519万人で、前年から15.1％（7,816万人）増加した。新幹線が41.3％増の2,557万人、民間鉄道・路面電車が21.6％増の2億9,281万人、JR在来線は7.2％増の2億7,681万人と、昨年よりも大幅に増加しているものの、コロナ禍前の2019年比では15.1％減となった。2022年の九州内主要空港における乗降客数は4,170万人で、前年から80.0％（1,854万人）増加した。特に、国内線は2019年比では72.8％まで乗降客数が回復している。2023年5月に新型コロナウイルス感染症の感染症法上の位置付けが5類に移行したことを受け、さらなる回復が期待される。

鉄道輸送人員の推移〈九州7県〉
Number of Railway Passengers 〈Kyushu's 7 Pref.〉

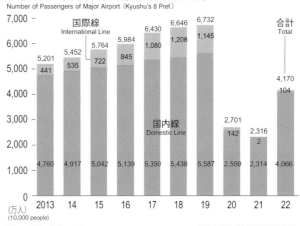

九州運輸局「九州のうんゆ」

主要空港乗降客数の推移〈九州8県〉
Number of Passengers of Major Airport 〈Kyushu's 8 Pref.〉

注）1. 乗客、降客の合計
　　2. 九州8県の各県基幹空港および新北九州空港の実績

国土交通省「空港管理状況調査」

主要交通体系図
Map of Major Transportation Systems

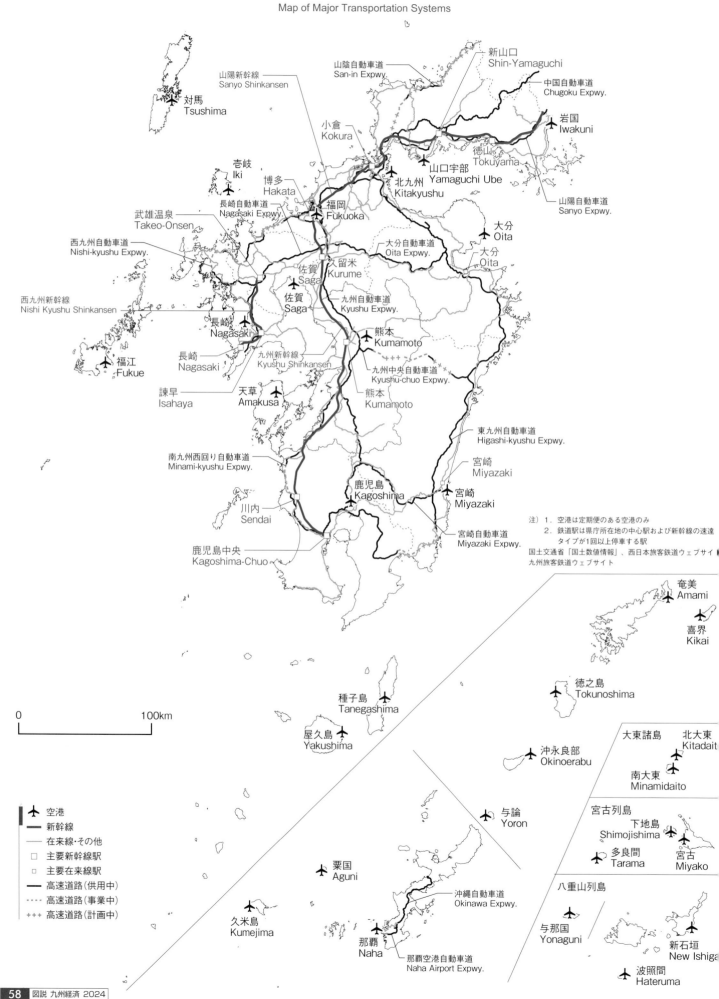

対馬
Tsushima

山陽新幹線
Sanyo Shinkansen

山陰自動車道
San-in Expwy.

新山口
Shin-Yamaguchi

中国自動車道
Chugoku Expwy.

岩国
Iwakuni

小倉
Kokura

北九州
Kitakyushu

山口宇部
Yamaguchi Ube

徳山
Tokuyama

山陽自動車道
Sanyo Expwy.

壱岐
Iki

博多
Hakata

福岡
Fukuoka

武雄温泉
Takeo-Onsen

長崎自動車道
Nagasaki Expwy.

西九州自動車道
Nishi-kyushu Expwy.

佐賀
Saga

久留米
Kurume

大分自動車道
Oita Expwy.

大分
Oita

大分
Oita

西九州新幹線
Nishi Kyushu Shinkansen

佐賀
Saga

九州自動車道
Kyushu Expwy.

長崎
Nagasaki

熊本
Kumamoto

福江
Fukue

長崎
Nagasaki

九州新幹線
Kyushu Shinkansen

九州中央自動車道
Kyushu-chuo Expwy.

諫早
Isahaya

天草
Amakusa

熊本
Kumamoto

東九州自動車道
Higashi-kyushu Expwy.

宮崎
Miyazaki

南九州西回り自動車道
Minami-kyushu Expwy.

鹿児島
Kagoshima

宮崎
Miyazaki

川内
Sendai

宮崎自動車道
Miyazaki Expwy.

鹿児島中央
Kagoshima-Chuo

注）1．空港は定期便のある空港のみ
2．鉄道駅は県庁所在地の中心駅および新幹線の速達
タイプが1回以上停車する駅
国土交通省「国土数値情報」、西日本旅客鉄道ウェブサイ
九州旅客鉄道ウェブサイト

奄美
Amami

喜界
Kikai

徳之島
Tokunoshima

種子島
Tanegashima

大東諸島
北大東
Kitadait

南大東
Minamidaito

屋久島
Yakushima

沖永良部
Okinoerabu

宮古列島
下地島
Shimojishima

与論
Yoron

多良間
Tarama

宮古
Miyako

粟国
Aguni

八重山列島

0   100km

久米島
Kumejima

沖縄自動車道
Okinawa Expwy.

与那国
Yonaguni

新石垣
New Ishiga

那覇
Naha

那覇空港自動車道
Naha Airport Expwy.

波照間
Hateruma

✈ 空港
━ 新幹線
─ 在来線・その他
□ 主要新幹線駅
◦ 主要在来線駅
━ 高速道路（供用中）
⋯ 高速道路（事業中）
+++ 高速道路（計画中）

福岡市からの時間距離
Time Distance from Fukuoka City

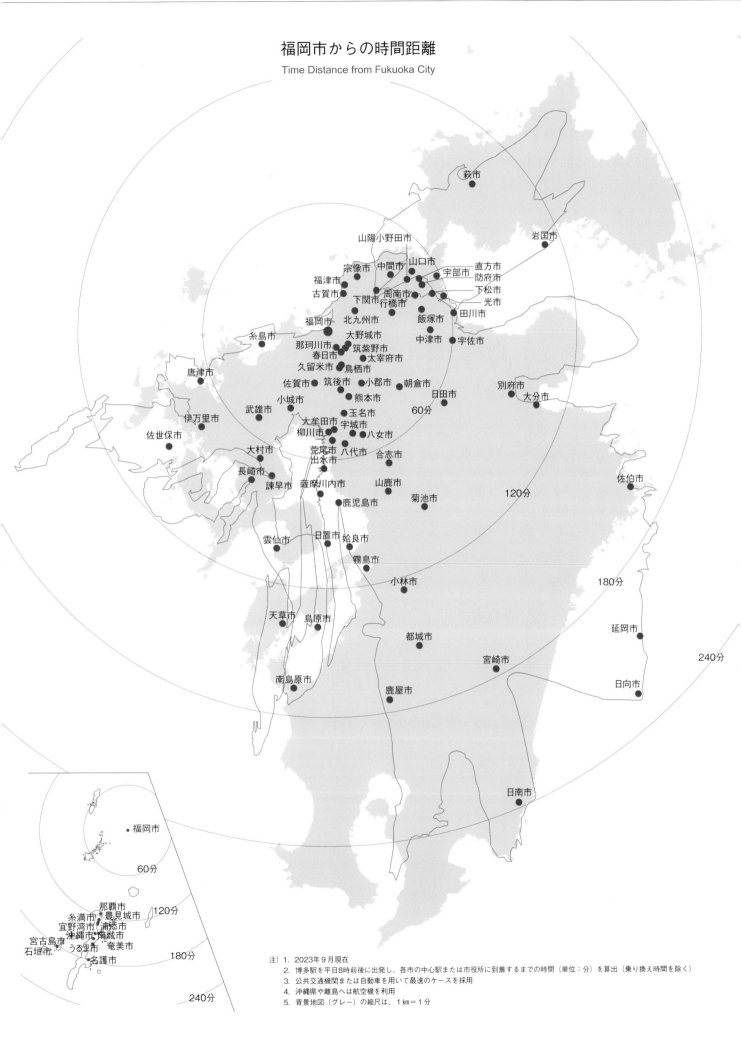

萩市

岩国市

山陽小野田市
宗像市　中間市　山口市
福津市　　　　　宇部市　直方市
古賀市　　周南市　　防府市
下関市　行橋市　　　下松市
　　　　　　　　　　光市
福岡市　北九州市　飯塚市　田川市
糸島市　　大野城市
那珂川市　筑紫野市　中津市　宇佐市
　春日市　太宰府市
久留米市　鳥栖市
唐津市
佐賀市　筑後市　小郡市　朝倉市
小城市　　　熊本市　　日田市　　別府市
武雄市　　　玉名市　　　　　　　大分市
伊万里市　太牟田市　宇城市　　60分
　　　　柳川市　　八女市
佐世保市　荒尾市　八代市
大村市　出水市　合志市
長崎市
　諫早市　薩摩川内市　山鹿市　　120分　　佐伯市
雲仙市　日置市　始良市　　菊池市
鹿児島市
　　　　　霧島市
天草市　島原市　　小林市　　　180分
　　　　　　　　　　　　　　延岡市
南島原市　都城市
　　　　　宮崎市　　日向市
鹿屋市

240分

日南市

福岡市

60分

那覇市
糸満市　豊見城市　120分
宜野湾市　浦添市
沖縄市　南城市
宮古島市　うるま市　奄美市
石垣市　　　　　180分
　　　名護市

240分

注）1．2023年9月現在
　　2．博多駅を平日8時前後に出発し、各市の中心駅または市役所に到着するまでの時間（単位：分）を算出（乗り換え時間を除く）
　　3．公共交通機関または自動車を用いて最速のケースを採用
　　4．沖縄県や離島へは航空機を利用
　　5．背景地図（グレー）の縮尺は、1km＝1分

第6章　交通・運輸（2）物流
C.6 Transportation (2) Logistics

■貨物輸送量の８割超を自動車に依存

　2021年度における九州の貨物輸送量は発着計で12億5,638万トンであり、その８割超を自動車による輸送が占めている。輸送手段別に発・着を比べると、鉄道は発に対して着が多く、海運は着に対して発が多く、域外との間で片荷構造となっている。また輸送量の推移をみると、2020年度にコロナ禍で経済活動が低迷して大幅に減少したのち、2021年度には2019年度の水準まで回復している。輸送機関別にみると、特に自動車輸送の輸送量が前年度比21.7ポイント増と大きく回復しており、引き続き、自動車が輸送全体に占めるウエイトは大きい。

発着別貨物輸送トン数〈九州８県〉(2021年度)
Cargo Traffic by Origin and Destination 〈Kyushu's 8 Pref.〉(F.Y.2021)

（単位 万トン、%、比）
(10,000 tons, %, ratio)

	九州発 From Kyushu	構成比 Composition	九州着 To Kyushu	構成比 Composition	発/着比率 Ratio of From /To
計 Total	63,611	100.0	62,027	100.0	1.03
鉄道 Rail	178	0.3	281	0.5	0.63
海運 Marine	10,390	16.3	8,560	13.8	1.21
自動車 Automobile	53,025	83.4	53,168	85.7	1.00
航空 Air	17	0.0	17	0.0	1.00

国土交通省「貨物地域流動調査」

機関別輸送トン数の推移(2000年度＝100)〈九州８県〉
Transport Tonnage by Mode (Index Based on F.Y.2000 as 100)〈Kyushu's 8 Pref.〉

航空 Air／鉄道 Rail／海運 Marine／計 Total／自動車 Automobile

78.4
76.2
75.8
71.6
66.1

F.Y. 2000 / 05 / 10 / 15 / 20
(F.Y.2000=100)

注）発着合計

国土交通省「貨物地域流動調査」

■物価高騰を背景に輸入量が減少

　2022年度の九州運輸局管内の指定港湾23港積卸し実績（内貿・外貿計）は、前年比5.6%減の１億7,147万トンであった。2021年度にはコロナ禍からの回復を見せたものの、2022年度は、原材料価格の高騰、円安の進行を背景に、輸入を中心に減少した。

　国際コンテナ取扱量をみると、博多港では2019年に過去最高を記録したが、以降、2022年までコロナ禍により３年連続で減少し、88.8万TEUとなった。北九州港では２年ぶりに減少し42.5万TEUとなった。

九州運輸局管内の指定港湾23港積卸し実績
Loading and Discharging of Cargo in 23 Ports Designated by Kyushu District Transport Bureau

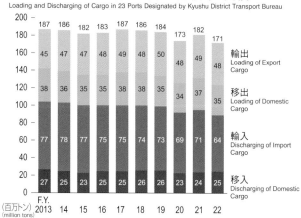

輸出 Loading of Export Cargo
移出 Loading of Domestic Cargo
輸入 Discharging of Import Cargo
移入 Discharging of Domestic Cargo

（百万トン）
(million tons)
F.Y. 2013 14 15 16 17 18 19 20 21 22

九州運輸局「九州運輸局管内の指定港湾23港積卸し実績の推移」

博多港と北九州港の国際コンテナ取扱量の推移
International Container Cargo Handled in Port of Hakata & Kitakyushu

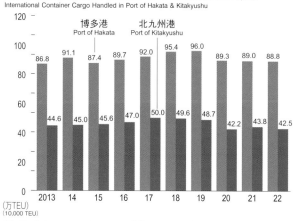

博多港 Port of Hakata
北九州港 Port of Kitakyushu

（万TEU）
(10,000 TEU)

注）TEUとは、20フィートコンテナに換算したコンテナ数
Note：TEU (Twenty-foot Equivalent Unit)

北九州市港湾局
福岡市港湾局資料

主要空港・港湾・国際路線地図
Map of Major Airports & Ports, International Airlines & Ferries

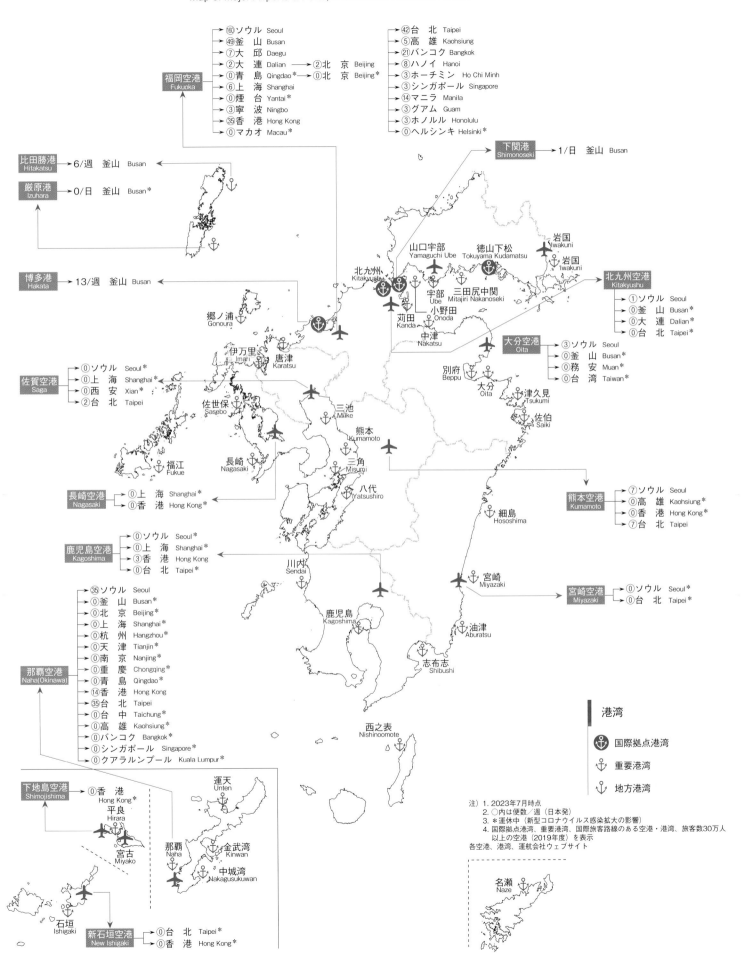

福岡空港 Fukuoka
- ⑯⓪ソウル Seoul
- ㊾釜 山 Busan
- ⑦大 邱 Daegu
- ②大 連 Dalian → ②北 京 Beijing
- ⓪青 島 Qingdao* → ⓪北 京 Beijing*
- ⑥上 海 Shanghai
- ⓪煙 台 Yantai*
- ③寧 波 Ningbo
- ㉟香 港 Hong Kong
- ⓪マカオ Macau*

- ㊷台 北 Taipei
- ⑤高 雄 Kaohsiung
- ㉑バンコク Bangkok
- ⑧ハノイ Hanoi
- ⑤ホーチミン Ho Chi Minh
- ③シンガポール Singapore
- ⑭マニラ Manila
- ③グアム Guam
- ③ホノルル Honolulu
- ⓪ヘルシンキ Helsinki*

比田勝港 Hitakatsu → 6/週 釜山 Busan
厳原港 Izuhara → 0/日 釜山 Busan*
博多港 Hakata → 13/週 釜山 Busan
下関港 Shimonoseki → 1/日 釜山 Busan

佐賀空港 Saga
- ⓪ソウル Seoul*
- ⓪上 海 Shanghai*
- ⓪西 安 Xian*
- ②台 北 Taipei

長崎空港 Nagasaki
- ⓪上 海 Shanghai*
- ⓪香 港 Hong Kong*

鹿児島空港 Kagoshima
- ⓪ソウル Seoul*
- ⓪上 海 Shanghai*
- ③香 港 Hong Kong
- ⓪台 北 Taipei*

那覇空港 Naha(Okinawa)
- ㉟ソウル Seoul
- ⓪釜 山 Busan*
- ⓪北 京 Beijing*
- ⓪上 海 Shanghai*
- ⓪杭 州 Hangzhou*
- ⓪天 津 Tianjin*
- ⓪南 京 Nanjing*
- ⓪重 慶 Chongqing*
- ⓪青 島 Qingdao*
- ⑭香 港 Hong Kong
- ㉟台 北 Taipei
- ⓪台 中 Taichung*
- ⓪高 雄 Kaohsiung*
- ⓪バンコク Bangkok*
- ⓪シンガポール Singapore*
- ⓪クアラルンプール Kuala Lumpur*

下地島空港 Shimojishima → ⓪香 港 Hong Kong*
新石垣空港 New Ishigaki → ⓪台 北 Taipei* / ⓪香 港 Hong Kong*

北九州空港 Kitakyushu
- ①ソウル Seoul
- ⓪釜 山 Busan*
- ⓪大 連 Dalian*
- ⓪台 北 Taipei*

大分空港 Oita
- ③ソウル Seoul
- ⓪釜 山 Busan*
- ⓪務 安 Muan*
- ⓪台 湾 Taiwan*

熊本空港 Kumamoto
- ⑦ソウル Seoul
- ⓪高 雄 Kaohsiung*
- ⓪香 港 Hong Kong*
- ⑦台 北 Taipei

宮崎空港 Miyazaki
- ⓪ソウル Seoul*
- ⓪台 北 Taipei*

港湾
- 国際拠点港湾
- 重要港湾
- 地方港湾

注）1. 2023年7月時点
2. ○内は便数／週（日本発）
3. ＊運休中（新型コロナウイルス感染拡大の影響）
4. 国際拠点港湾、重要港湾、国際旅客路線のある空港・港湾、旅客数30万人以上の空港（2019年度）を表示
各空港、港湾、運航会社ウェブサイト

第7章　国際化・貿易（1）国際化

C.7 International Business & Foreign Trade (1)International Business

■地場企業の海外進出は引き続き減少、九州での外国人就労者は増加傾向に戻る

　長引くコロナ禍の影響を受け、地場企業の海外進出件数は2020年から2022年で26件にとどまった。業種では、食品関連産業の進出が多くを占めた。また、九州における外国人就労者数を見ると、2022年は前年比9.5%増の12万548人となっており、昨年の減少からの反動増となった。国籍別に就労者数を見ると、昨年度と同様にベトナム、中国（香港等を含む）、ネパールの順に多い。ネパールは大幅に増加した一方、ベトナムや中国は減少が見られた。

進出先別地場企業の海外進出〈九州・山口〉 （単位 件）
Number of Overseas Advance〈Kyushu/Yamaguchi〉 (cases)

	2013	14	15	16	17	18	19	20	21	22
総　計 Total	67	59	58	49	48	63	45	18	6	2
アジア Asia	53	47	42	34	41	49	32	11	4	2
アジアNIES Asia NIES	18	14	10	13	10	15	9	3	1	—
韓　国 Korea	3	2	4	1	1	2	2	—	—	—
台　湾 Taiwan	6	5	4	6	2	7	3	1	—	—
香　港 Hong Kong	4	2	—	1	2	1	1	—	—	—
シンガポール Singapore	5	5	2	5	5	3	2	1	1	—
アセアン ASEAN	18	22	22	13	26	20	15	6	1	—
中　国 China	13	9	7	7	3	10	5	1	1	2
その他アジア Others Asia	4	2	3	1	2	4	3	1	1	—
北アメリカ North America	4	4	13	2	4	5	4	5	2	—
ヨーロッパ Europe	5	3	—	8	2	5	6	2	—	—
その他 Others	5	5	3	5	1	4	3	—	—	—

注）1. アセアンは、シンガポールを除く
　　2. 小売、個人サービスの店舗は除く
　　3. 後に撤退した拠点を含む

九州経済調査協会調べ
（2023年8月末時点）

国籍別外国人雇用状況（2022） （単位 人）
Employment of foreigners (2022) (People)

	総数 Total	国籍 Country					
		中国（香港等を含む）China	フィリピン Philippine	ベトナム Vietnam	ネパール Nepal	ブラジル・ペルー Brazil, Peru	その他 Others
全　国 Japan	1,822,725	385,848	206,050	462,384	118,196	166,430	483,817
九州8県 Kyushu's 8 Pref.	120,548	17,341	12,667	40,477	16,646	839	32,578
福岡県 Fukuoka Pref.	57,393	10,476	4,694	18,635	10,363	451	12,774
佐賀県 Saga Pref.	6,054	539	554	2,239	1,214	17	1,491
長崎県 Nagasaki Pref.	6,951	779	771	2,294	725		2,382
熊本県 Kumamoto Pref.	14,522	2,039	2,088	5,798	732	21	3,844
大分県 Oita Pref.	8,383	1,078	1,139	2,653	489	60	2,964
宮崎県 Miyazaki Pref.	5,616	548	563	2,281	289		1,935
鹿児島県 Kagoshima Pref.	9,900	857	1,526	4,601	362		2,554
沖縄県 Okinawa Pref.	11,729	1,025	1,332	1,976	2,472	290	4,634
山口県 Yamaguchi Pref.	9,165	1,634	1,094	3,574	535	138	2,190

注）長崎県・宮崎県・鹿児島県はブラジル・ペルーがその他に含まれる

厚生労働省・各県労働局
「外国人雇用状況」

■入国制限の緩和により入国外国人数は徐々に回復、ただし留学生は減少

　九州・山口への入国外国人数は、コロナ禍の影響による入国制限のため激減していたものの、2022年10月11日の大規模な出入国の緩和を受けて回復途上にある。一方、九州8県の留学生数は2016年より増加し、2020年にピークを迎えた。その後、2021年以降は減少が続き、2022年は前年比11.0%減の2.1万人であった。全国シェアでも11.6%と、前年に比べ微減している。大学別では、日本経済大学（太宰府市）が全国4位の2,599人、立命館アジア太平洋大学（別府市）が7位の2,392人、九州大学（福岡市）が8位の2,359人となっている（いずれも2022年5月1日現在）。

入国外国人数の推移〈九州・山口〉
Number of Foreigners Entering〈Kyushu/Yamaguchi〉

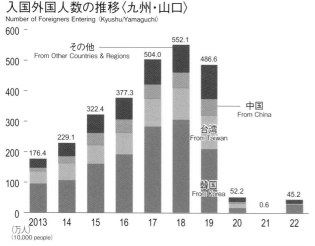

その他 From Other Countries & Regions
中国 From China
台湾 From Taiwan
韓国 From Korea

176.4 / 229.1 / 322.4 / 377.3 / 504.0 / 552.1 / 486.6 / 52.2 / 0.6 / 45.2
（万人）(10,000 people)
2013 14 15 16 17 18 19 20 21 22

法務省「出入国管理統計年報」

外国人留学生数の推移〈九州8県〉
Number of Foreign Students〈Kyushu's 8 Pref.〉

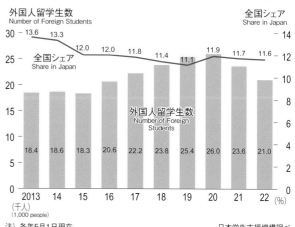

外国人留学生数 Number of Foreign Students
全国シェア Share in Japan

13.6 / 13.3 / 12.0 / 12.0 / 11.8 / 11.4 / 11.1 / 11.9 / 11.7 / 11.6
18.4 / 18.6 / 18.3 / 20.6 / 22.2 / 23.8 / 25.4 / 26.0 / 23.6 / 21.0
（千人）(1,000 people)
2013 14 15 16 17 18 19 20 21 22 （%）

注）各年5月1日現在

日本学生支援機構調べ

第7章　国際化・貿易（2）貿易
C.7 International Business & Foreign Trade (2) Foreign Trade

■全ての品目において輸出額が増加

　2022年の九州・山口の輸出額は前年比19.0％増の10兆5,628億円と前年を上回った。主要国・地域別にみると、EUが42.5％増、台湾が24.9％増、ASEANが20.8％増、韓国が19.8％増、アメリカが19.3％増、中国が7.9％増と全ての国・地域で増加した。主要品目別でも、電気機器が28.2％増、自動車が21.7％増、半導体等製造装置が20.2％増、一般機械が14.5％増、化学製品が9.0％増、船舶が7.1％増と全ての品目で増加した。

主要国・地域別輸出額の推移〈九州・山口〉
Composition Ratio of Exports by Major Countries & Regions〈Kyushu/Yamaguchi〉

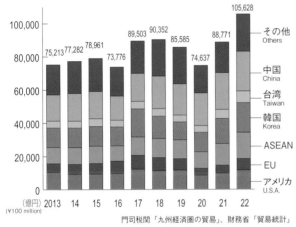

門司税関「九州経済圏の貿易」、財務省「貿易統計」

主要品目別輸出額の推移〈九州・山口〉
Value of Exports by Principal Commodity〈Kyushu/Yamaguchi〉

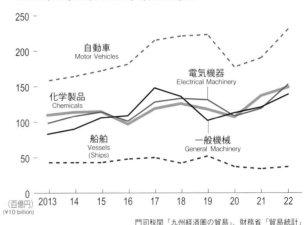

門司税関「九州経済圏の貿易」、財務省「貿易統計」

■輸入額は原油・粗油輸入額が約35％減

　2022年の九州・山口の輸入額は、前年比61.0％増の11兆9,789億円となった。主要国・地域別にみると、EUが5.3％減となったものの、オーストラリアが111.2％増、中東が107.2％増、ASEANが67.1％増、アメリカが42.5％増、中国が22.6％増、韓国が9.6％増と多くの国・地域で増加した。主要品目別でも、原油・粗油が112.9％増と大幅に増加し、化学製品が47.7％増、食料品が35.0％増、電気機器が33.9％増と全ての品目で増加した。

主要国・地域別輸入額の推移〈九州・山口〉
Composition Ratio of Imports by Major Countries & Regions〈Kyushu/Yamaguchi〉

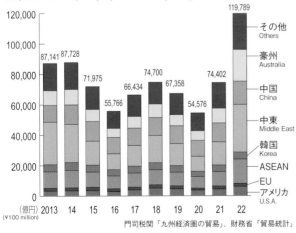

門司税関「九州経済圏の貿易」、財務省「貿易統計」

主要品目別輸入額の推移〈九州・山口〉
Value of Imports by Principal Commodity〈Kyushu/Yamaguchi〉

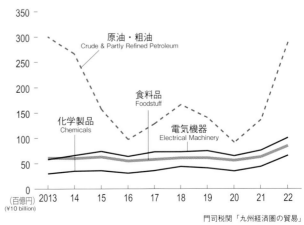

門司税関「九州経済圏の貿易」

地域別輸出額・地域別輸入額と上位4品目の割合（九州・山口）

Exports and Imports by Region and Percentage of Top Four Commodities (Kyushu-Yamaguchi)

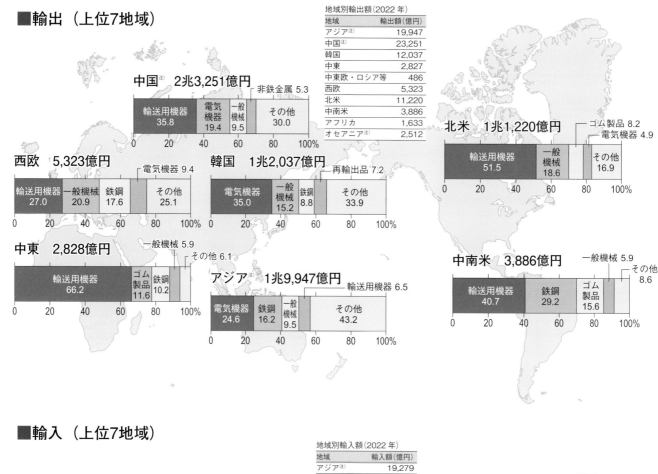

■輸出（上位7地域）

地域別輸出額（2022年）	
地域	輸出額（億円）
アジア[注]	19,947
中国[注]	23,251
韓国	12,037
中東	2,827
中東欧・ロシア等	486
西欧	5,323
北米	11,220
中南米	3,886
アフリカ	1,633
オセアニア[注]	2,512

中国[注] 2兆3,251億円
非鉄金属 5.3
輸送用機器 35.8 ／ 電気機器 19.4 ／ 一般機械 9.5 ／ その他 30.0

西欧 5,323億円
電気機器 9.4
輸送用機器 27.0 ／ 一般機械 20.9 ／ 鉄鋼 17.6 ／ その他 25.1

韓国 1兆2,037億円
再輸出品 7.2
電気機器 35.0 ／ 一般機械 15.2 ／ 鉄鋼 8.8 ／ その他 33.9

北米 1兆1,220億円
ゴム製品 8.2 ／ 電気機器 4.9
輸送用機器 51.5 ／ 一般機械 18.6 ／ その他 16.9

中東 2,828億円
一般機械 5.9 ／ その他 6.1
輸送用機器 66.2 ／ ゴム製品 11.6 ／ 鉄鋼 10.2

アジア[注] 1兆9,947億円
輸送用機器 6.5
電気機器 24.6 ／ 鉄鋼 16.2 ／ 一般機械 9.5 ／ その他 43.2

中南米 3,886億円
一般機械 5.9 ／ その他 8.6
輸送用機器 40.7 ／ 鉄鋼 29.2 ／ ゴム製品 15.6

■輸入（上位7地域）

地域別輸入額（2022年）	
地域	輸入額（億円）
アジア[注]	19,279
中国[注]	13,413
韓国	2,887
中東	23,465
中東欧・ロシア等	3,171
西欧	2,055
北米	8,786
中南米	6,461
アフリカ	925
オセアニア[注]	16,968

中東欧・ロシア等 3,171億円
鉄鋼 7.8
石炭、コークス及び練炭 30.2 ／ 天然ガス及び製造ガス 21.5 ／ 石油及び同製品 20.5 ／ その他 19.9

中国[注] 1兆3,413億円
一般機械 8.6
電気機器 19.2 ／ 元素及び化合物 14.7 ／ その他 50.7
家具 7.0

アジア[注] 1兆9,279億円
石炭、コークス及び練炭 11.2
電気機器 30.3 ／ その他 51.1
天然ガス及び製造ガス 7.3

中東 2兆3,465億円
石油及び同製品 95.7 ／ その他 4.3

北米 8,786億円
金属鉱及びくず 12.9 ／ 天然ガス及び製造ガス 11.7
石炭、コークス及び練炭 18.9 ／ 穀物及び同調製品 16.1 ／ その他 40.3

中南米 6,461億円
石油及び同製品 10.5 ／ 飼料 6.4
穀物及び同調製品 12.0
金属鉱及びくず 51.0 ／ その他 20.1

オセアニア[注] 1兆6,968億円
天然ガス及び製造ガス 14.4 ／ その他 4.0
金属鉱及びくず 18.8
石炭、コークス及び練炭 60.4
穀物及び同調製品 2.4

注）地域は貿易統計の「地理圏」に準じる。ただし、「アジア」は、韓国、中国、香港を除外。
「中国」は「中華人民共和国」と「香港」。「オセアニア」は貿易統計の「大洋圏」である。
財務省「貿易統計」

第8章　行財政
C.8 Administration & Public Finance

■少子化でも増え続ける扶助費

　九州の市町村における2021年度の歳入総額は９兆3,696億円となり、５年前（2016年度）と比較して24.4%増加した。内訳をみると、新型コロナウイルス感染症対応地方創生臨時交付金や子育て世帯等臨時特別支援事業費補助金などにより国庫支出金が65.4%増、ふるさと納税制度による寄付金の増加等でその他が31.7%増、市町村民税や固定資産税の増加で地方税が8.6%増、地方交付税は8.4%増となった。2021年度の歳出総額は９兆273億円となり、５年前と比較して23.7%増加した。公債費が削減された一方、補助費等の増加によりその他が35.2%増、委託料等の増加により物件費が22.8%増、児童福祉費の増加により扶助費が32.4%増となっている。

市町村（九州８県）の歳入内訳
Breakdown of Annual Revenue for Cities, Towns, Villages 〈Kyushu's 8 Pref.〉

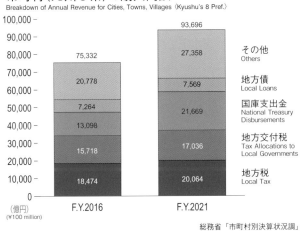

総務省「市町村別決算状況調」

市町村（九州８県）の歳出内訳（性質別）
Breakdown of Annual Expenditure for Cities, Towns, Villages 〈Kyushu's 8 Pref.〉

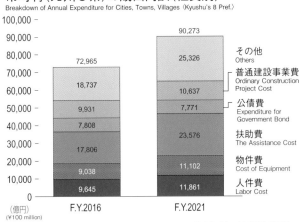

総務省「市町村別決算状況調」

■依然として厳しい市町村財政

　経常収支比率（経常一般財源に占める人件費などの経常経費の割合）は、一般的に80%を超えないことが望ましいとされ、80%を下回る市町村は九州で39団体（2021年度）と前年度（2020年度）の6.5倍と増加したが、依然として多くの市町村で財政の弾力性が低い状況にある。財政力指数（自治体運営に必要な費用を自主財源で賄えるかを示す指数）は小規模の市町村ほど低く、交付金や補助金に依存した状況がうかがえる。地方自治体の新たな財源として注目されるふるさと納税の受入額は2021年度に全国で8,302億円にのぼり、制度開始直後の2008年度の102.0倍となっている。九州は多様な農産物を中心に魅力的な返礼品を多く取り揃え、全国の約３割弱を占める受入額の多い地域である。

経常収支比率・財政力指数の市町村規模別平均〈九州８県〉(F.Y.2021)
Ordinary Balance Ratio and of Financial Capability Indicator by Municipality Size 〈Kyushu's 8 Pref.〉(F.Y.2021)

市町村規模 Municipality Size	市町村数 Number of Municipalities	経常収支比率の平均 Average of Ordinary Balance Ratio	財政力指数の平均 Average of Financial Capability Indicator
政令指定都市・中核市・特例市 Ordinance-designated cities, core cities, and special cities	11	90.9	0.71
上記を除く人口10万人以上の市 Cities with a population of 100,000 or more excluding the above	18	88.2	0.59
10万人未満の市 Cities with a population of less than 100,000	90	87.9	0.43
1万人以上の町村 Towns and villages with a population of 10,000 or more	73	84.2	0.48
1万人未満の町村 Towns and villages with a population of less than 10,000	82	82.9	0.24

注）経常収支比率は加重平均値、財政力指数は単純平均値　総務省「市町村別決算状況調」

ふるさと納税受入額・件数(F.Y.2021)
Amount and Number of Hometown Tax Donation Program (F.Y.2021)（単位 百万円、千件、%）(¥ million, thousand, %)

	金額 Amount	全国シェア Share in Japan	件数 Number	全国シェア Share in Japan
全国 Japan	830,239	100.0	44,473	100.0
九州８県 Kyushu's 8 Pref.	223,892	27.0	13,330	30.0
福岡県 Fukuoka Pref.	44,673	5.4	3,141	7.1
佐賀県 Saga Pref.	35,000	4.2	2,047	4.6
長崎県 Nagasaki Pref.	13,235	1.6	747	1.7
熊本県 Kumamoto Pref.	25,583	3.1	1,840	4.1
大分県 Oita Pref.	9,659	1.2	502	1.1
宮崎県 Miyazaki Pref.	46,365	5.6	2,373	5.3
鹿児島県 Kagoshima Pref.	40,023	4.8	2,288	5.1
沖縄県 Okinawa Pref.	9,354	1.1	391	0.9
山口県 Yamaguchi Pref.	2,542	0.3	100	0.2

注）金額及び件数は、各県内市町村と県の合計値　総務省「ふるさと納税に関する現況調査結果」

市町村別ふるさと納税受入額（F.Y.2021）

Amount of Hometown Tax Donation Program by Municipalities (F.Y.2021)

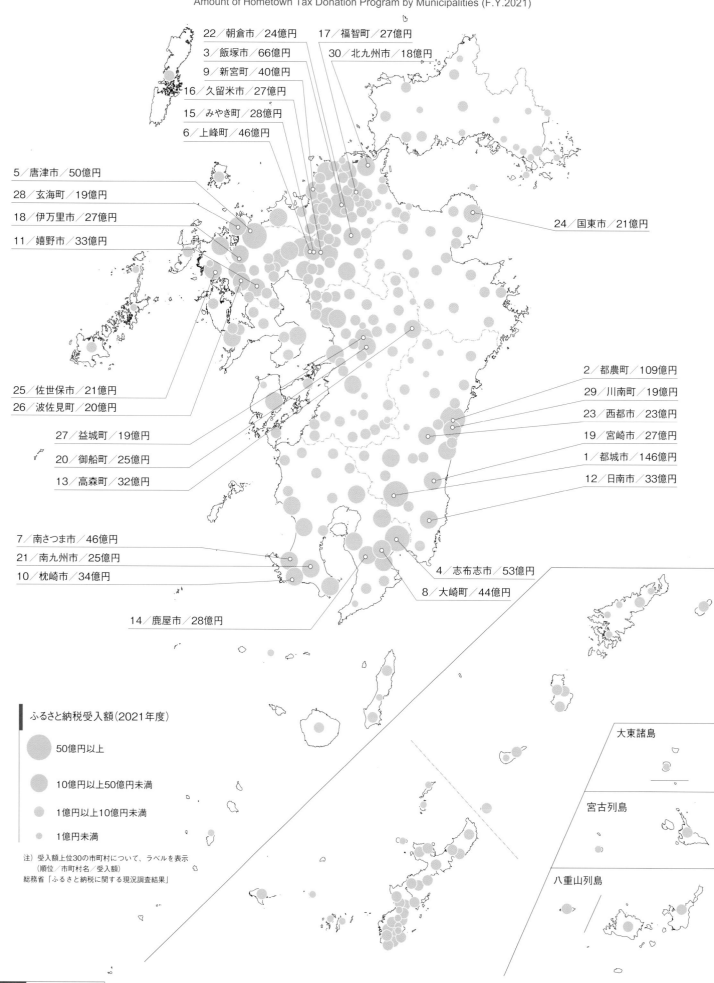

22／朝倉市／24億円
3／飯塚市／66億円
9／新宮町／40億円
16／久留米市／27億円
15／みやき町／28億円
6／上峰町／46億円

17／福智町／27億円
30／北九州市／18億円

5／唐津市／50億円
28／玄海町／19億円
18／伊万里市／27億円
11／嬉野市／33億円

24／国東市／21億円

25／佐世保市／21億円
26／波佐見町／20億円

2／都農町／109億円
29／川南町／19億円
23／西都市／23億円
19／宮崎市／27億円
1／都城市／146億円
12／日南市／33億円

27／益城町／19億円
20／御船町／25億円
13／高森町／32億円

7／南さつま市／46億円
21／南九州市／25億円
10／枕崎市／34億円

4／志布志市／53億円
8／大崎町／44億円

14／鹿屋市／28億円

大東諸島

宮古列島

八重山列島

ふるさと納税受入額（2021年度）

50億円以上

10億円以上50億円未満

1億円以上10億円未満

1億円未満

注）受入額上位30の市町村について、ラベルを表示
　（順位／市町村名／受入額）
総務省「ふるさと納税に関する現況調査結果」

経済年表 （九州・山口、全国・世界：1980〜2023）
Economic Chronology （Kyushu-Yamaguchi, Japan/World : 1980-2023）

九 州 ・ 山 口		全 国 ・ 世 界	
1980.10	福岡・北九州都市高速道路、一部供用開始	1980. 9	イラン・イラク戦争勃発
1980.10	国営海の中道海浜公園開園	1980.12	日本の自動車生産台数が世界第一位に
1981. 4	熊本市に九州財務局設置	1981. 3	神戸ポートアイランド博覧会開催
1981. 9	九州ダイエーとユニードが合併	1981. 4	レーガン大統領が経済再建計画を発表
1981.10	九州自動車道鹿児島〜宮崎間開通	1981.10	初の南北サミットがメキシコで開催
1982. 7	長崎大水害発生	1982. 6	東北新幹線、上越新幹線部分開業
1982. 8	日産自動車九州工場、乗用車生産開始	1982. 7	IWC、捕鯨の全面禁止を決定
1982. 9	マツダ防府工場、操業開始	1982.10	勤労者財産形成年金貯蓄制度発足
1983. 3	福岡市営地下鉄1号線開業	1983. 4	東京ディズニーランド開業
1983. 3	中国自動車道全線開通	1983. 7	テクノポリス法施行
1983. 7	長崎オランダ村開業	1983. 8	1980年代の経済社会の展望と指針、閣議決定
1984. 7	九州電力川内原子力発電所、営業運転開始	1984. 7	総務庁発足
1985. 1	北九州市営モノレール小倉線開業	1985. 3	国際科学技術博覧会、筑波で開催
1985. 3	筑後大ぜき完成	1985. 4	日本電信電話・日本たばこ産業発足
1985. 5	中国領事館、福岡市・長崎市に開設	1985. 9	先進5カ国蔵相会議開催、円高に拍車
1986. 7	三瀬トンネル有料道路開通	1986. 4	前川レポートを発表
1986.10	九州工業大学、国立大初の情報工学部設置	1986. 4	男女雇用機会均等法施行
1986.11	宮崎県椎葉村で全国初の秘境サミット開催	1986. 4	ソ連、チェルノブイリ原発で爆発事故
1986.11	三菱、高島鉱山を閉山	1986. 5	民活法施行
1987. 4	九州旅客鉄道発足	1987. 6	第四次全国総合開発計画、閣議決定
1987. 9	韓国貿易センター、福岡市に開設	1987. 6	総合保養地域整備法（リゾート法）施行
1987.10	沖縄自動車道、全線開通	1987.10	ニューヨーク株式暴落（ブラックマンデー）
1988. 7	沖縄自由貿易地域、供用開始	1988. 3	青函トンネル開通
1988. 9	上五島国家石油備蓄基地、完成	1988. 4	瀬戸大橋開通
1988.10	「大分一村一品」設立	1988. 4	少額貯蓄非課税制度（マル優）廃止
1988.11	福岡ダイエーホークス設立	1988. 5	頭脳立地法施行
1989. 3	アジア太平洋博覧会、福岡市で開催	1989. 2	相互銀行52行、普通銀行に転換
1989. 7	大分自動車道湯布院〜別府間開通	1989. 4	消費税を柱とした税制改革スタート
1989.12	九州自動車道八代〜人吉間開通、青森〜人吉間開通	1989.12	土地基本法施行
1990. 1	長崎自動車道全線開通	1990. 4	太陽神戸・三井の両都市銀行合併
1990. 4	スペースワールド開業	1990. 4	国際花と緑の博覧会　大阪で開催
1990. 8	長崎「旅」博覧会開催	1990. 7	90年代通産政策ビジョン発表
1990.11	雲仙・普賢岳、約200年ぶりに噴火	1990.10	東西ドイツ統一
1991. 2	トヨタ自動車九州設立	1991. 4	牛肉、オレンジの輸入自由化開始
1991. 3	博多〜釜山間に「ビートルII世号」就航	1991. 6	経済審、戦後3番目の「長期展望」発表
1991. 6	ベイサイドプレイス博多埠頭開業	1991.12	ソ連解体、ロシア連邦へ
1992. 3	ハウステンボス開業	1992. 1	改正大店法・地価税法施行
1992. 5	日産自動車九州新工場、操業開始	1992. 3	東海道・山陽新幹線に「のぞみ」登場
1992. 9	志布志製油備蓄基地操業開始	1992. 8	地方拠点法施行
1992.12	トヨタ自動車九州宮田工場、操業開始	1992.12	成田空港第2旅客ターミナルビル開業
1993. 1	串木野国家石油備蓄基地、操業開始	1993. 4	金融制度改革関連法施行
1993. 3	福岡市営地下鉄、福岡空港まで延伸	1993. 8	細川連立内閣発足
1993. 4	福岡ドーム（現：福岡PayPayドーム）開業	1993.11	欧州連合、発足
1993. 8	鹿児島で集中豪雨災害発生	1993.11	環境基本法施行
1993.10	小倉そごう開業（2000年閉店）	1993.12	政府、米輸入の部分開放決定
1994. 7	博多湾人工島（アイランドシティ）着工	1994. 9	関西国際空港開港
1994.10	シーガイア全面開業	1994.10	流動性預貯金金利の自由化
1994.10	第1回アジア九州地域交流サミット開催	1994.12	環境基本計画、閣議決定
1995. 3	大分自動車道日田〜玖珠間開通	1995. 1	阪神・淡路大震災発生
1995. 4	シーホークホテル＆リゾート（現：ヒルトン福岡シーホーク）開業	1995. 3	規制緩和推進5カ年計画、閣議決定
		1995. 3	地下鉄サリン事件
1995. 7	九州自動車道全線開通	1995. 4	円、東京外為市場で80円突破
1995. 8	ユニバーシアード福岡大会開催	1995. 7	地方分権推進法施行
1995.10	中小企業大学校人吉校開校	1995. 8	米マイクロソフト、Windows95発売
1996. 3	大分自動車道玖珠〜湯布院間開通	1996. 4	Yahoo! JAPANオープン
1996. 4	熊本市・鹿児島市、中核市へ移行	1996. 7	住宅金融債権管理機構発足
1996. 4	キャナルシティ博多開業	1996.10	CSデジタルテレビ放送スタート
1996. 9	岩田屋Zサイド開業	1996.11	阪和銀行、経営破綻

九 州 ・ 山 口

1997. 3	博多大丸エルガーラ開業
1997. 3	三井石炭鉱業三池鉱業所閉山
1997. 4	長崎市・大分市、中核市へ移行
1997. 7	北九州市のエコタウン事業承認
1997. 8	国際連合人間居住計画（ハビタット）福岡本部開設
1997. 9	新西鉄福岡駅開業
1998. 4	宮崎市、中核市へ移行
1998. 7	佐賀空港開港
1998. 9	スカイマーク、羽田・福岡便の運行開始
1999. 3	九州地方開発促進計画（第五次）、閣議決定
1999. 3	九州自動車道と福岡都市高速、太宰府ICで直結
1999. 5	福岡空港新国際線ターミナル開業
2000. 3	天草空港開港
2000. 4	南太平洋諸国会議、宮崎市で開催
2000. 5	福岡証券取引所、Q-Board開設
2000. 7	九州・沖縄サミット、沖縄県で開催
2000. 8	国連アジア太平洋経済社会委員会環境大臣会議、北九州市で開催
2001. 2	シーガイア、会社更生法の適用申請
2001. 5	大分スタジアム（現：昭和電工ドーム）開業
2001. 7	第9回世界水泳選手権福岡2001開幕
2001.10	7県労金合併、九州労働金庫誕生
2001.10	西九州自動車道と福岡都市高速道路直結
2001.11	九州最後の炭鉱・池島炭鉱閉山
2002. 2	韓国版ビートル「コビー」、博多〜釜山間に就航
2002. 4	パークプレイス大分開業
2002. 7	雲仙岳災害記念館、島原市に開館
2002.11	沖縄美ら海水族館開館
2003. 2	くまもと阪神（のちの県民百貨店）開業
2003. 4	リバーウォーク北九州開業
2003. 8	沖縄都市モノレール「ゆいレール」開業
2003. 8	産業再生機構、九州産業交通の支援を決定
2003. 9	アイランドシティに国際コンテナターミナル開業
2003.10	九州地域戦略会議発足
2003.11	博多〜上海間に高速RORO船就航
2004. 1	国立劇場おきなわ開場
2004. 3	鳥栖プレミアム・アウトレット開業
2004. 3	九州新幹線、鹿児島中央〜新八代間開業
2004. 3	長崎自動車道全線開通
2004. 5	新日鐵大分（現：日本製鉄大分製鉄所）で世界最大の高炉完成
2004.10	西日本銀行と福岡シティ銀行が合併し、西日本シティ銀行に
2004.12	ダイハツ車体（現：ダイハツ九州）、大分（中津）工場生産開始
2005. 1	ソフトバンク、福岡ダイエーホークスの株式取得
2005. 2	福岡市営地下鉄七隈線開業
2005. 5	大分キヤノン、第2工場完成
2005. 7	九州産業交通の支援企業にエイチ・アイ・エスが決定
2005. 9	トヨタ自動車九州、レクサスの新工場が完成
2005.10	九州国立博物館開館
2006. 3	新北九州空港開港
2006. 3	新種子島空港開港
2006.10	山口銀行、もみじホールディングスと持株会社山口フィナンシャルグループを設立

全 国 ・ 世 界

1997. 4	消費税率を3％から5％に引き上げ
1997. 7	英国、香港を中国に返還
1997. 7	アジア通貨危機
1997.11	北海道拓殖銀行、経営破綻
1997.11	山一證券、経営破綻
1997.12	公的介護保険法成立
1998. 2	長野冬季五輪開幕
1998. 6	金融監督庁発足
1998.12	特定非営利活動促進法（NPO法）施行
1999. 6	男女共同参画社会基本法施行
1999.10	産業活力再生特別措置法施行
1999.11	東京証券取引所、マザーズ開設
2000. 4	地方分権一括法施行
2000. 4	介護保険法施行
2000. 5	大阪証券取引所、ナスダック・ジャパン開設
2000. 6	大規模小売店舗立地法施行
2000. 7	金融庁発足
2000.11	Amazon、日本でサービス開始
2001. 1	中央省庁再編、1府12省庁スタート
2001. 5	食品リサイクル法施行
2001. 6	経済財政運営の「骨太の方針」決定
2001. 9	東京株式市場、日経平均株価1万円割る
2001. 9	米国同時多発テロで、日本政府協調利下げへ
2001. 9	国内で初めて狂牛病確認
2002. 2	改正道路運送法施行でタクシー自由化
2002. 6	都市再生特別措置法施行
2002. 6	日韓共催の第17回サッカーワールドカップ開幕
2002.10	日本航空と日本エアシステム、経営統合
2003. 4	日本郵政公社（現：日本郵政グループ）発足
2003. 4	産業再生機構発足
2003. 4	構造改革特区、第1弾57件が決定
2003. 4	東京株式市場、バブル後最安値に（28日）
2003.11	法科大学院66校の認可答申
2003.12	国立大学法人法施行
2003.12	米国でBSE感染牛を確認、牛肉等の輸入停止
2004. 1	イラクへの自衛隊派遣、先遣隊到着
2004. 5	裁判員法成立
2004. 8	UFJグループと三菱東京フィナンシャルグループ、経営統合発表
2004.10	国勢調査で日本の人口がピークに
2004.10	年金制度改革法施行
2004.10	電源開発、民営化
2004.11	楽天、プロ野球参入
2004.12	ジャスダック証券取引所が業務開始
2004.12	ダイエー、産業再生機構の支援決定
2005. 1	この年、平成の大合併がピークに
2005. 2	中部国際空港開港
2005. 3	愛知万博（愛・地球博）開幕
2005. 4	ペイオフ全面解禁
2005. 4	中国で反日デモ激化
2005.10	道路4公団、民営化
2005.10	郵政民営化法、成立
2006. 3	日銀、量的金融緩和政策の解除を決定
2006. 4	ソフトバンク、ボーダフォンを買収
2006. 7	政府、米国産牛肉の輸入解禁を決定
2006. 8	改正中心市街地活性化法が施行

九 州 ・ 山 口	
2007. 4	福岡銀行と熊本ファミリー銀行、新会社ふくおかフィナンシャルグループを設立
2007. 8	アイシン九州、熊本県にエンジン部品会社を新設
2007.10	九州親和HD、ふくおかフィナンシャルグループと経営統合
2007.12	ダイハツ九州大分（中津）第2工場、操業開始
2008. 4	久留米市、中核市へ移行
2008. 4	マルミヤストアとイズミ、資本・業務提携
2008. 4	九州新幹線長崎ルート着工
2008. 8	ダイハツ九州久留米工場、操業を開始
2008.10	井筒屋、山口井筒屋を開店
2008.12	太宰府市で日・中・韓3カ国首脳会議が開催
2009. 2	パイオニアプラズマディスプレイ鹿児島工場が閉鎖
2009. 3	ローム、ローム甘木を清算し、工場を閉鎖
2009. 6	ブリヂストン大型車両向けタイヤ工場が北九州市で操業開始
2010. 1	福岡県苅田町の日産車体九州が操業開始
2010. 3	長崎キヤノン、デジタルカメラの生産を開始
2010. 4	エイチ・アイ・エスがハウステンボスを子会社化
2010. 4	宮崎県で繁殖牛3頭の口蹄疫感染を確認
2010.10	ソーラーフロンティアの宮崎ソーラーパーク完成
2010.10	岩田屋と福岡三越が合併し岩田屋三越となる
2010.12	九州成長戦略アクションプラン策定
2011. 3	九州新幹線全線開業
2011. 6	北九州市、OECDのグリーン成長のモデル都市に選定
2011. 8	九州工場分社化により日産自動車九州が発足
2011.12	グリーンアジア国際戦略総合特区、東九州メディカルバレー構想特区、次世代型農業生産構造確立特区が指定
2012. 4	熊本市、全国20番目の政令指定都市に移行
2012. 6	ソニー、長崎テクノロジーセンターに800億円投資
2012. 7	九州北部豪雨、福岡県、熊本県、大分県に被害
2012. 7	宮崎県綾地域がユネスコエコパークに登録
2012. 7	福岡都市高速環状線が全線開通
2012.12	岩国錦帯橋空港開港
2013. 3	新石垣空港開港
2013. 4	那覇市、中核市へ移行
2013. 5	重粒子線がん治療施設「サガハイマット」開院
2013.10	クルーズトレイン「ななつ星 in 九州」運行開始
2013.11	ジャパン・コスメティックセンター、唐津市に設立
2014. 1	NHK大河ドラマ「軍師官兵衛」放送開始
2014. 3	慶良間諸島国立公園の指定
2014. 3	福岡市・沖縄県、国家戦略特区に選出
2014. 7	レベルファイブ、ゲーム「妖怪ウォッチ2」を発売
2014. 9	阿蘇地域が世界ジオパークに認定
2015. 1	NHK大河ドラマ「花燃ゆ」放送開始
2015. 4	JR大分駅ビルJRおおいたシティ開業
2015. 4	イオンモール沖縄ライカム開業
2015. 6	ルネサスエレクトロニクス柳井工場閉鎖
2015. 7	「明治日本の産業革命遺産」が世界遺産に登録
2015. 9	川内原子力発電所1号機、再稼働し営業運転開始
2015.10	肥後銀行と鹿児島銀行、経営統合で九州フィナンシャルグループに
2016. 4	佐世保市、中核市へ移行
2016. 4	熊本地震が発生
2016. 4	KITTE博多開業
2016. 4	東九州自動車道、北九州市〜宮崎市が直結
2016. 5	フィンエアー、福岡〜ヘルシンキ便が就航
2016.10	西日本シティ銀行、持株会社の西日本フィナンシャルホールディングスを設立

全 国 ・ 世 界	
2007. 6	米アップル、iPhoneを発売
2007. 8	サブプライム住宅ローン危機、世界に広がる
2007.10	日本郵政グループ発足
2007.12	改正都市計画法が完全施行
2007.12	トヨタ自動車グループ、年間自動車生産台数が世界一に
2008. 1	NY原油先物市場で初めて1バレル100ドルを記録
2008. 4	改正パートタイム労働法施行
2008. 4	後期高齢者医療制度開始
2008. 9	米証券大手リーマン・ブラザーズ経営破綻
2008. 9	麻生内閣が発足
2008.10	政府、事業規模27兆円の追加経済対策を決定
2009. 1	第44代米大統領にバラク・オバマが就任
2009. 6	改正産業再生法適用第1号案件として、半導体大手・エルピーダメモリを認定
2009. 9	民主党を中心とする連立政権発足
2010. 1	日本年金機構発足
2010. 1	日本航空、会社更生法の適用を申請
2010. 2	トヨタ自動車、「プリウス」などの4車種をリコール
2010. 3	EUがギリシャ政府の財政再建支援に合意
2010. 3	住宅エコポイント制度の申請受付開始
2010. 6	一部高速道路の無料化実験開始
2010. 6	2020年までの新成長戦略が閣議決定
2011. 3	東日本大震災、福島第1原子力発電所事故の発生
2011 .6	東日本大震災復興基本法の成立
2011. 7	地上波アナログ放送の停波
2011. 7	住宅エコポイント制度が終了
2011.11	TPP交渉参加方針を正式表明
2012. 2	エルピーダメモリ、会社更生法適用を申請
2012. 2	復興庁発足
2012. 3	ギリシャの債務削減がデフォルト認定
2012. 7	再生可能エネルギーの固定価格買取制度開始
2012.10	日本郵便発足
2012.12	第2次安倍内閣発足
2013. 4	日銀「量的・質的金融緩和」の導入
2013. 6	成長戦略「日本再興戦略」閣議決定
2013. 7	TPP交渉正式参加
2013. 9	2020年の東京五輪開催決定
2013.12	訪日外国人数年間1,000万人突破
2014. 1	NISA（少額投資非課税制度）スタート
2014. 3	農地中間管理事業の推進に関する法律施行
2014. 4	消費税5％から8％に引き上げ
2014. 6	富岡製糸場世界遺産登録
2014.12	地方創生の長期ビジョンと総合戦略が閣議決定
2015. 3	北陸新幹線、長野〜金沢間が開通
2015. 6	アジアインフラ投資銀行（AIIB）が設立
2015. 7	米・キューバ、国交回復
2015. 9	東日本豪雨、茨城県、栃木県などに多大な被害
2015.11	国産初のジェット旅客機「MRJ」が試験飛行に成功
2015.11	地球温暖化対策の新たな枠組みパリ協定を採択
2015.11	パリ同時多発テロ事件が発生
2015.12	日韓外相会談において慰安婦問題の妥結で合意
2016. 1	マイナンバー制度開始
2016. 3	北海道新幹線、新函館北斗〜新青森で開業
2016. 4	電力小売、完全自由化
2016. 5	米オバマ大統領、広島訪問
2016. 6	拡張されたパナマ運河が開通
2016. 8	シャープ、鴻海精密工業の傘下へ
2016.10	国勢調査（2015年）で初の人口減
2016.11	「パリ協定」（気候変動）発効

九　州　・　山　口		
2017. 3	奄美群島国立公園の指定
2017. 7	九州北部豪雨発生
2017. 7	「神宿る島」宗像・沖ノ島と関連遺産群が世界遺産に登録
2018. 1	NHK大河ドラマ「西郷どん」、放送開始
2018. 7	「長崎と天草地方の潜伏キリシタン関連遺産」、世界遺産に登録
2018.11	「MARK IS 福岡ももち」が開業
2019. 4	福岡空港民営化
2019. 4	ふくおかフィナンシャルグループと十八銀行、経営統合
2019. 5	G20福岡財務大臣・中央銀行総裁会議が開催
2019. 6	サンエー浦添西海岸パルコシティ、開業
2019. 9	サクラマチクマモト、開業
2019. 9	ラグビーW杯2019、九州を含む日本各地で開催
2019.10	首里城で火災。正殿など主要部分が焼失
2020. 1	筑邦銀行、SBIホールディングスと資本業務提携
2020. 4	熊本空港民営化
2020. 4	八幡製鉄所、九州製鉄所八幡地区に名称変更
2020. 4	鶴丸城跡に御楼門が完成
2020. 7	九州南部を中心に豪雨被害
2020. 9	超大型の台風10号、九州を縦断
2020.10	十八銀行と親和銀行が合併、十八親和銀行が発足
2020.11	JR宮崎駅に「アミュプラザみやざき」開業
2021. 4	JR熊本駅に「アミュプラザくまもと」開業
2021. 5	ふくおかフィナンシャルグループ、地銀初のネット銀行「みんなの銀行」を開業
2021. 7	「奄美大島、徳之島、沖縄島北部および西表島」が世界遺産登録
2021. 9	福岡市の天神ビッグバン第1号案件として天神ビジネスセンターが竣工
2021.10	世界体操競技選手権、世界体操選手権が北九州市で開催
2021.11	長崎駅に出島メッセ長崎とヒルトン長崎が開業
2022. 4	台湾積体電路製造(TSMC)、熊本県菊陽町で新工場着工
2022. 4	熊本市で第4回アジア・太平洋水サミット開催
2022. 4	ららぽーと福岡が福岡市博多区に開業
2022. 4	ジアウトレット北九州が北九州市八幡東区に開業
2022. 5	沖縄本土復帰50周年
2022. 8	北九州市旦過市場で4月に続き火災発生
2022. 9	西九州新幹線、武雄温泉～長崎間が開業
2022. 9	久光製薬、鳥栖市に新たな研究所を着工
2022. 9	HIS、ハウステンボスを投資会社PAGに売却
2023. 3	阿蘇くまもと空港新旅客ターミナルビル開業
2023. 3	福岡市地下鉄七隈線、延伸区間開業
2023. 5	SAGAアリーナ、開業
2023. 5	G7広島サミット関係閣僚会合の保健大臣会合、長崎市で開催
2023. 5	シェラトン鹿児島、開業
2023. 6	ザ・リッツ・カールトン福岡、開業
2023. 7	FINA世界水泳選手権2023福岡大会開催
2023. 7	南阿蘇鉄道全線運転再開
2023. 8	FIBAバスケットボールワールドカップ2023 沖縄市で開催
2023.10	ツール・ド・九州、開催

全　国　・　世　界		
2017. 1	第45代米大統領にドナルド・トランプが就任
2017. 1	米、TPP協定離脱を正式表明
2017. 6	タカタ、自動車エアバッグのリコール問題で経営破綻
2018. 6	シンガポールにて初の米朝首脳会談が開催
2018. 7	西日本豪雨発災、九州を含む広範囲で甚大な被害
2018. 7	カジノを含む統合型リゾート(IR)実施法案が成立
2018. 9	北海道で最大震度7の地震が発生
2019. 1	国際観光旅客税（出国税）の適用開始
2019. 4	改正入管法施行、働き方改革関連法施行
2019. 5	新天皇が即位、平成から令和に改元
2019. 6	G20サミット首脳会議が大阪市で開催
2019. 7	日本、韓国への半導体素材輸出を一部制限
2019.10	消費税8％から10%に引き上げ
2019.10	キャッシュレス・ポイント還元事業開始
2019.11	米、パリ協定からの離脱を国連に通告
2020. 1	日米貿易協定が発効
2020. 1	イギリス、EU離脱
2020. 1	WHO、新型コロナウイルスを「国際的に懸念される公衆衛生上の緊急事態」と認定
2020. 4	同一労働同一賃金制度開始
2020. 4	政府、新型コロナウイルス感染拡大を受け緊急事態宣言を発出
2020. 9	安倍総理が辞任、菅内閣発足
2020.10	菅総理、2050年カーボンニュートラルを宣言
2021. 1	第46代米大統領にジョー・バイデンが就任
2021. 2	ミャンマーでクーデター、国軍が政権掌握
2021. 2	国内で新型コロナウイルスのワクチン接種開始
2021. 2	米、パリ協定に復帰
2021. 7	東京2020オリンピックが開幕
2021. 8	アフガニスタンで武装勢力タリバンが政権掌握
2021. 8	東京2020パラリンピックが開幕
2021.10	菅総理が辞任、岸田内閣が発足
2021.10	COP26、「グラスゴー気候合意」を採択
2022. 2	ロシアがウクライナに侵攻
2022. 6	バイデン大統領、米主導の経済圏構想「インド太平洋経済枠組み（IPEF）」の発足を東京で宣言
2022. 7	安倍元首相、銃撃され死亡
2022. 8	米下院議長、25年ぶりに台湾訪問
2022. 9	日銀、急速な円安進行を受け、24年ぶりに市場介入
2022.10	イーロン・マスク氏、米ツイッター社を約440億ドルで買収
2022.11	国連、世界人口が80億人に達したと発表
2022.12	政府、国家安全保障戦略（NSS）など安保3文書を閣議決定
2023. 2	新型コロナウイルスによる水際対策、終了
2023. 3	米シリコンバレーバンク、経営破綻
2023. 3	米OpenAI、生成AI「ChatGPT4」を公開
2023. 4	こども家庭庁、発足
2023. 4	フィンランド、NATOに加盟
2023. 5	新型コロナウイルス感染症、5種感染症移行
2023. 5	G7広島サミット、開催
2023. 6	米Apple、ヘッドマウントディスプレイ「Apple Vision Pro」発表
2023. 8	中国政府、日本への団体旅行を解禁
2023.10	イスラエル、イスラム組織「ハマス」と戦争状態に

定価　本体2,000円＋税

図説九州経済　2024	Outline of Kyushu Economy　2024
令和5年11月発行	Published in November, 2023
編集・発行人	Edited & Published by
福岡市中央区渡辺通2丁目1番82号	Denki Bldg. Kyosokan 5F, 2-1-82, Watanabe-dori,
電気ビル共創館5F（〒810-0004）	Chuo-ku Fukuoka, Japan (810-0004)
電話 092-721-4900　URL http://www.kerc.or.jp/	Tel.81-92-721-4900　URL http://www.kerc.or.jp/
公益財団法人　九州経済調査協会（九経調）	Kyushu Economic Research Center (Kyukeicho)
理事長　縄田真澄	President　Nawata, Masumi
印　刷　ダイヤモンド秀巧社印刷株式会社	Printed by Diamond Shukosha Printing Co., Ltd.

ISBN978-4-903775-59-3